ROOTS · Booklet Serie · 02 / 2023

» ROOTS of Routes: Mobilität und Netzwerke zwischen Vergangenheit und Zukunft «

Vorwort

Perspektiven zu vergangenen Routen, Netzwerken und Gesellschaft in herausfordernden Zeiten

Im Exzellenzcluster ‚ROOTS – Social, Environmental and Cultural Connectivity in Past Societies' beschäftigen sich Wissenschaftler:innen unterschiedlicher Disziplinen mit der Rekonstruktion vergangener Gesellschaften. Aus archäologischer und historischer Perspektive werden Verbindungen von Individuen und Gruppen, von Mensch und Umwelt, von Ereignissen, Prozessen und Strukturen untersucht.

Globalisierung als weltweiter Prozess, aber auch dessen regionale Wirkungen und Reaktionen stehen im Vordergrund. Eine Grundhypothese – je verbundener Menschen, desto geringer Konfliktpotenziale – war Ausgangspunkt.

Gerade in Zeiten von Krisen und Konflikten mit ihren gestörten Kommunikationsnetzwerken und -routen ist es umso wichtiger zu wissen, wie

Menschen in Krisensituationen reagierten: nicht nur in der industriellen und postindustriellen Welt, sondern in weit entfernten Zeiten, die uns sozusagen einen „Spiegel" unseres Verhaltens und unseren Möglichkeiten liefern. Wie verhielten sich z.B. Wildbeuter, erste Bauern, antike Gesellschaften oder frühneuzeitliche Stadtgesellschaften in allgemeinen Krisensituationen?

Insofern haben wir uns entschlossen, eine Broschürenreihe zu erstellen, die in den aktuellen Zeiten massiv zunehmender globaler Konflikte Informationen allgemeinverständlich präsentiert. ROOTS setzt mit der hier vorliegenden Broschüre seine 'Booklet Serie' fort, die Diskussionen und Ergebnisse unseres Forschungsclusters einer breiteren Öffentlichkeit vorstellt. Die kleine Reihe wird benutzt, um auch in anderen Medien Diskurse und Kommentare zu Zukunftsthemen aus der Sicht der Vergangenheit anzuregen.

Nur wer Vergangenes versteht, wird die Gegenwart nachhaltig gestalten und dauerhaft zukünftige Perspektiven entwickeln können. Als Menschen sind wir auf die Rekonstruktion unserer Verhaltensweisen in ganz anderen als den heutigen Zeiten angewiesen – nicht nur bezüglich menschlicher Gesellschaften, sondern insbesondere auch im Hinblick auf das Verhältnis von Mensch und Umwelt. So kann uns das tiefe Verständnis der Vergangenheit Möglichkeiten für die Zukunft eröffnen.

Johannes Müller
Sprecher des Exzellenzclusters ROOTS

Inhalt

Kapitel 3: Wie weit reichen Wege zurück?

Kapitel 4: Wege von Dingen und Technologien

Inhalt

*v. u. Z. = vor unserer Zeitrechnung, alternativ zu v. Chr./vor Christus
n. u. Z. = nach unserer Zeitrechung, alternativ zu n. Chr./nach Christus.

Henny Piezonka, Lutz Käppel, Andrea Ricci

Einführung

Zur Geschichte der Wege, die Menschen, Orte und Ideen verbinden

Kein Ort, der uns zu ferne liegt,
kein Ding, das uns zu fremd vorkommt,
kein Weg, der uns zu weit erscheint...

...so mag in einer modernen, vom Lebensstil großer Städte geprägten Vorstellung die Welt erscheinen. Vor unseren Augen scheint sie sich als eine global verwobene, gleichsam grenzenlose und erreichbare freie Fläche auszubreiten: physisch wie geistig, wirtschaftlich wie medial, kulturell wie technologisch – eine Welt der Vernetzung und Mobilität. Umso irritierender wirken neue und erstarkende Erfahrungen von Beschränktheit und Verletzlichkeit dieses Systems vermeintlich grenzenloser Verfügbarkeit und Zugänglichkeit. Es sind die großen Krisen unserer Zeit – Krieg, wachsende Ungleichheit, Krankheiten, Klimawandel – , die heute schonungslos offenlegen, dass es auch und gerade in einer zunehmend globalisierten Welt Engpässe, Grenzen und Barrieren im ganz konkreten Sinne gibt, denn stets sind es ganz *bestimmte Wege*, auf denen Menschen, Waren, Nahrung, Informationen, Wissen verkehren und miteinander verbunden sind. Es zeigt sich, wie sehr Handels*wege* und Rohstoff*trassen* gleichsam als Durchlässe essenziell für das Funktionieren wirtschaftlicher Systeme sind, wie stark die Ernährungslage in verschiedenen Regionen der Welt schon rein geographisch von speziellen Transport*wegen* zu Nahrungsressourcen abhängt, wie Kommunikation und gegenseitige Verständigung vom Vorhandensein offener *Kanäle* abhängen, und wie entscheidend die Öffnung oder Schließung ganz bestimmter Flucht*wege* für die sozialen Verwerfungen von Migration ist. Offenbar sind es gerade diese Durchlässe, auf die es ankommt, wenn sich menschliche Gesellschaft in der Welt konstituiert, entwickelt und wandelt.

Das vorliegende Heft – das zweite in der Reihe der „Booklets" des Exzellenzclusters ROOTS an der Universität Kiel – lenkt den Blick darauf, wie das Leben der Menschen in ihrer Welt schon immer von der Verbindung zueinander über ganz bestimmte *Wege* abhing und wie die Entwicklung der Menschheit selbst ganz wesentlich von der Art, wie sie über welche ‚Wege' miteinander verkehrten, bestimmt war. Seit den ältesten Phasen der Steinzeit bis heute waren es wohl definierte *Routen*, die den Austausch von Dingen, Praktiken und Wissen zwischen den Menschen ermöglichten, so dass sich Netzwerke bilden und kulturelle Profile entwickeln konnten. Viele dieser uralten *Routen* sind noch heute nicht nur sichtbar, sondern sogar weiter in Betrieb: von den Kontinente umspannenden Seidenstraßen bis hin zu den lokalen Trassen des Ochsenweges in Schleswig-Holstein, von den Wasserstraßen Mesopotamiens und den Flusswelten der Waldzone bis hin zu den geistigen *Wegen* philosophischer Betrachtung. Daher lohnt es sich, den Blick zurück zu den *Wurzeln* dieser *Routen*, ja zu den *‚Herkunft von Wegen'* überhaupt zu lenken. In einem Kaleidoskop von Perspektiven auf das Thema werden dazu zunächst die landschaftlichen, ökologischen und klimatischen Rahmenbedingungen in den Blick genommen. Der historischen Verortung früher Handels- und Migrations*routen* sind die dann folgenden Beiträge gewidmet. Besondere Aufmerksamkeit wird denjenigen *Routen* zuteil, auf denen nachweislich Objekte, Technologien und damit auch kulturelle Praktiken transportiert wurden. Auch religiöse Rituale, Bestände expliziten Wissens, ja sogar philosophische Einsichten haben ihre *Wurzeln* in der Bewegung auf *Routen*.

In diesem Sinne wünschen wir allen Leser*innen die eine oder andere neue Einsicht in die Weise, in der die Entwicklung menschlichen Daseins mit der Erschließung, der Nutzung und dem Ausbau verbindender Routen, aber bisweilen auch mit deren Abbruch verknüpft ist. *„ROOTS of Routes"* mag damit auch eine neue Sicht auf aktuelle Krisen ermöglichen, die mit dem Blick auf vergangene Vielfalt und Lösungen auch das Aktuelle besser verstehen lehrt.◆

Kapitel 1:

ROOTS of Routes: Die Wurzeln von Wegen – Verbindungen in der (Ur-) Geschichte

Tim Kerig

Globalisierung? Welche Globalisierung?

Ist globaler Austausch Globalisierung? Schon immer wurden Objekte über weite Distanzen weitergegeben, aber was bedeutet das? Historikerinnen und Historiker, insbesondere aus dem Bereich der Wirtschaftsgeschichte, verwenden heute den Begriff der Globalisierung ganz verschieden: Ist die frühneuzeitliche europäische Expansion nach Afrika, Amerika und Asien bereits als Globalisierung zu verstehen, oder ist erst die imperialistische Inbesitznahme im 19. Jahrhundert so zu bezeichnen? War vielleicht sogar das 19. Jahrhundert globalisierter als das 21.? Oder kann womöglich schon die Ausbreitung des Römischen Reiches, oder bereits des Alexanderreiches, als Globalisierungsprozess verstanden werden? Was wäre dann mit dem vorangegangenen Perserreich?

Ganz offenbar verstehen Viele unter dem Begriff Globalisierung Unterschiedliches. Archäologinnen und Archäologen haben bereits früh auf weitreichende Austauschverbindungen hingewiesen und sich bei deren Interpretation häufig auf Erklärungen aus historischen Zeiten berufen. Als besonders inspirierend erwies sich ab den 1970er Jahren die Weltsystem-Theorie, die insbesondere mit dem Namen Immanuel Wallersteins verbunden ist. Diese Theorie bietet eine Erklärung des Zusammenspiels frühneuzeitlicher Wirtschaftszonen von der europäischen Arktis über die afrikanische Elfenbeinküste bis in den guatemaltekischen Regenwald: Die Nachfrage im Kern des Weltsystems – ganz eurozentrisch: in den europäischen Zentren – bestimme ebenso die Produktion exotischer Produkte am äußersten Rand des Systems, etwa von Biberpelzen im heutigen Kanada, wie sie den Sklavenhandel zwischen Afrika und den europäischen Kolonien in Übersee erkläre. Starke globale Player etablieren demnach den Handel mit weit schwächeren Partnern, deren Ressourcen dann im Rahmen von asymmetrischen Beziehungen ausgebeutet werden. Solche Austauschbeziehungen verlangen staatliches Handeln, zumindest teilweise entwickelte Märkte und eine hohe Nachfrage und Kaufkraft in den Zentren.

Elemente der Weltsystemtheorie sind auch in der Archäologie immer wieder auf ganz unterschiedliche Erscheinungen angewendet worden. So wurde etwa die erstmalige Ausbreitung städtischer und staatlich verfasster Gesellschaften ab dem 4. Jahrtausend v.u.Z. über Mesopotamien bis nach

← N'Goran Koffi, Erdherr und Kantonshäuptling vom Stamm der Ba'ule (Elfenbeinküste) mit seinen Würdezeichen und den Gefäßen seiner Ahnen. Die besonders für Palmwein genutzten Westerwälder Krüge sind heilig und nur zu besonderen Anlässen im Gebrauch (Angaben freundl. Mitteilung A. Zeischka-Kenzler ©Foto: Archiv des Dokumentationszentrums Kannenbäckerland e.V.)

Anatolien und in den Iran als Uruk-Weltsystem bezeichnet. Auch die erste Wollproduktion dieser Zeit soll in den Randgebieten Westasiens für städtische Zentren wie Uruk erfolgt sein.

Der Austausch von seltenen Feuersteinvarianten, von Steinbeilklingen, Metallen, Farbstoffen, Bernstein, Edelsteinen, Glas und Elfenbein ist zwischen dem bronzezeitlichen West-, Nord- und Mitteleuropa, dem Balkan und dem Mittelmeerraum und schließlich den frühen Staaten Ägyptens, Kleinasiens und der Levante durch Funde tausendfach belegt. Unklar ist aber noch, ob diese Austauschsysteme derart dicht zusammenhängen, dass – wie einige vermuten – auch hier von einem Weltsystem gesprochen werden sollte. Hat die Produktion und Weitergabe dieser Güter eher lokale Bedarfe gestillt, oder waren sie durch eine den Akteuren bekannte Nachfrage aus großer räumlicher Distanz motiviert? Reisten Händler, Sklavenfänger und Söldner durch das Europa der Bronzezeit?

In einer zunehmend als komplexer verstandenen Welt verschiebt sich die Perspektive auf die Beziehungen zwischen handelnden Individuen oder Gruppen. Das entspricht der gegenwärtigen technischen Entwicklung: Moderne Netzwerkforschung misst Menge und Art der Kontakte zwischen Akteuren, beschreibt diese mittels mathematischer Methoden (Graphentheorie) und analysiert so, wie unterschiedlich Akteure ihre Beziehungen zur Welt gestalten oder doch gestalten können. Fragen, wie sie die genannte Weltsystem-Theorie aufwarf, können heute präziser neu gestellt, modelliert und nach einer quantitativen Analyse der Kontakte beantwortet werden. Wer in den ausgebeuteten Gebieten am Rande des Systems gehörte zu den Gewinnern? Wer in den Zentren war zwar an der Beschaffung von exotischen Luxusgütern beteiligt, aber von deren Konsum ausgeschlossen?

Die früheste Ausbreitung unserer früheren Verwandten und *Homo sapiens*-Vorfahren aus Afrika über große Teile der übrigen Welt kann dagegen kaum als Globalisierung verstanden werden. Die damit einhergehende Erschließung verschiedenster Lebensräume führte mitunter zu ausgesprochen isolierten Erscheinungen in der körperlichen und kulturellen Evolution. Die Aneignung neuer Räume bedeutete eben zunächst auch eine Abnahme der Bevölkerungszahl pro Fläche – die Bevölkerungsdichte und damit der Kontakt zwischen Menschen sank.

So ist im nachfolgenden jüngeren Teil der europäischen Altsteinzeit, dem Jungpaläolithikum (von vor etwas 45 000 Jahren), für die durch die wildreichen Kältesteppen herumziehenden Gruppen von *Homo sapiens sapiens* von einer vergleichsweise geringen Zahl persönlicher Kontakte bei weiträumigen Schweifgebieten auszugehen: So groß der Raum, so gering die Anzahl der Kontakte. Das änderte sich erst am Höhepunkt der Eiszeit, etwa vor zwanzig- bis sechzehntausend Jahren. Während dieser Zeit ist die besiedelte Fläche Europas im Wesentlichen auf die Pyrenäen-Region und ihr nördliches Vorland zusammenschrumpft. In diesem kondensierten Raum ist nun von hoher Bevölkerungsdichte und damit auch von einer hohen Frequenz der Kontakte auszugehen.

Wiederum anders gestalten sich die Raumbeziehungen sesshafter oder doch an bestimmte Landschaftstypen gebundener Bevölkerungen in der Mittel- und Jungsteinzeit sowie jüngeren Epochen. Kontakte erfolgen hier durch direkte Nachbarschaftsbeziehungen oder durch Reisen zu ferneren Zielen etwa zum Zweck der Erkundung und wohl auch zur gezielten Kontaktaufnahme und Materialbeschaffung – sei es im Rahmen einer Handelsreise, zur Heirat, zum Verwandtenbesuch oder als Raubzug.

Technische Voraussetzungen solcher Reisen sind Ski und Tragevorrichtungen, beide am Ende der Jungsteinzeit in Skandinavien bzw. in den Alpen nachgewiesen. Dazu kommen Rinder und Pferde als Last- und Zugtiere vor Schleppen und/oder Wagen. Die Anwendung letzterer hängt entscheidend von den Wegsamkeiten ab – im größeren Maßstab erstmals nicht vor dem 4. Jahrtausend v.u.Z. und sehr grob gleichzeitig im erwähnten Uruk-Bereich wie bei den jungsteinzeitlichen Gruppen nördlich der Mittelgebirge. Im Steppengelände sind die Bedingungen

» Schon immer agierten Menschen global. [...]. Kontakt in die Ferne entlang unterschiedliche Routen eröffnet neues Wissen, neue Techniken, neue Rohstoffe. «

für Rad und Wagen, und auch für Streitwägen, deutlich günstiger als in den Waldzonen, Feuchtgebieten oder in Flusstälern. Dort verlangt die Entwicklung der Wegsamkeiten lokal höhere Anstrengungen, wie sie etwa in den Bohlenwegen Niedersachsens dokumentiert sind (vgl. Beitrag von J. P. Brozio in diesem Band).

Zu einem entscheidenden Faktor für die weitreichende Ausbreitung und den Austausch fremder Güter in großen Mengen wird insbesondere die Entwicklung des Schiffbaus und der Navigation. Die geringen Transportkosten über Wasser führen dazu, dass große Seen und Archipele, die Ägäis, die irische See, die dänischen Inseln, sich zu eng vernetzten Kommunikations- und Wirtschaftsräumen entwickeln. Recht große Gütermengen konnten bereits in der Jungsteinzeit über Wasser transportiert werden. Besegelung und Warenaustausch entlang regelrechter Handelsrouten sind dann im Roten Meer und im Mittelmeer ab der Bronzezeit sicher belegt. Die skandinavischen Felszeichnungen dieser Zeit zeigen tausende von Schiffen, allesamt geruderte Boote. Von Erwähnungen lederner Segel im Kanalgebiet aus römischer Zeit abgesehen, gibt es in West- und Nordeuropa keine Schiffe mit Kiel und zugleich Besegelung. Das ändert sich erst im 8. Jahrhundert, unmittelbar vor den ersten Wikingerzügen. Ab diesem Zeitpunkt stehen auch im Norden die in aufwendiger und mehrjähriger Arbeit hergestellten Segel zur Verfügung.

Schon immer agierten Menschen global. Wanderungen erreichten neue Siedlungsräume und erschlossen neue Ressourcen. Kontakt in die Ferne entlang unterschiedliche Routen eröffnet neues Wissen, neue Techniken, neue Rohstoffe. Mittel der Erschließung können dabei ebenso das Knüpfen neuer Verwandtschafts- oder Freundschaftsbeziehungen wie auch die kriegerische Aneignung sein. Überregionale und sogar weltweite Kontakte, Austauschbeziehungen und Migrationen gab es schon früh. Das moderne Konzept der Globalisierung hat auch noch weitere Implikationen, unter anderem umfasst es die Vorstellung von der Verfügbarkeit aller Güter von und an jedem Ort der Erde. Eine solche Globalisierung ist an die moderne Geldwirtschaft und die Interessen des internationalen Freihandels gebunden. Aber mit den modernen Menschen-, Waren- und Informationsströmen lassen sich solche Austauschbeziehungen auch aufbauen und aufrechterhalten, wie wir bereits in unserer frühesten Geschichte erkennen: Kommunikation, Wissen und Rohstoffe erweitern die Möglichkeiten der Menschheit insgesamt und global. Machen wir etwas daraus! ◆

Kapitel 2:

Den richtigen Weg wählen

Walter Dörfler

Wege in der Landschaft – Ökologische und soziale Bedingungen für den Austausch von Waren, Ideen und Menschen in der Vergangenheit

Sie bahnten sich ihren Weg durch das Unterholz, bis sie zu dem rosafarbenen Findling gelangten. Dieser zeigte ihnen, dass sie sich nun auf dem Land des Nachbardorfes befanden und besonders vorsichtig sein mussten. Der Warenaustausch war in letzter Zeit ins Stocken geraten, und ihre wertvolle Fracht konnte leicht Begehrlichkeiten wecken. Die Durchquerung des Sumpfgebietes würde die nächste Herausforderung bilden …

Gut passierbare Wege durch die Naturlandschaft bildeten in Mitteleuropa bis weit in die Neuzeit eher die Ausnahme. Der ‚Urwald' des Mesolithikums war, anders als unsere modernen Forste, ein Mischwald mit uneinheitlicher Altersstruktur und viel Totholz. Dazu kam, je nach Bodenverhältnissen und Artenzusammensetzung der Wälder, auch viel Unterholz in Form von Jungwuchs und Sträuchern. Baumbewuchs bildete bis weit in die Vorgeschichte mit wenigen Ausnahmen die dominierende Vegetationsform in Mitteleuropa. Diese Ausnahmen bestanden an den vom salzigen Meerwasser beeinflussten Küstenstreifen, an binnenländischen Salzstellen, in Hoch- und Niedermooren und auf Blockschutthalden im Gebirge. So war die Überwindung weiter Entfernungen eine Herausforderung, bei der es galt, starke Höhenunterschiede zu vermeiden, Flüsse und Moore an Furten und Engpässen zu überwinden und sich einen Weg durch den Wald zu bahnen. Wildwechsel mögen Pfade durch den Wald geboten haben, die auch von Jäger- und Sammler genutzt werden konnten. Für einen Warentransport über größere Entfernungen dürften sie aber kaum geeignet gewesen sein. Auch Wasserwege waren auf kleinen und mittleren Gewässern von Stromschnellen, umgestürzten Bäumen und möglichen Biberdämmen gekennzeichnet. Größere Flüsse wie Elbe, Weser, Ems und Rhein boten dagegen gute Verkehrswege, sie stellten aber gleichzeitig auch Einfallstore für mögliche Aggressoren dar.

An den kleinen und mittleren Gewässern war es allerdings der Biber, der auch Freiflächen öffnete, die einfacher als der dichte Wald passiert werden konnten. Bis zu einer Entfernung von 45 Metern vom schützenden Gewässer fällen Biber Bäume und schaffen damit galerieartige Lichtungen entlang der Bäche und Flüsse. Dieses flussbegleitende Netzwerk

← Wald mit Totholz bei Kiel-Elmschenhagen (Foto: W. Dörfler)

→ Ein typischer Sandweg in der Altmoräne zwischen Cuxhaven-Duhnen und Sahlenburg (Foto: W. Dörfler)

aus lichteren Waldbeständen und Freiflächen mag für lange Zeit den am ehesten geeigneten Verkehrsweg geboten haben. Sumpfige Abschnitte und die Einmündung von Nebenflüssen, die durch Furten zu queren waren, werden aber auch hier die Passage der Wegstrecken behindert haben. Eine Orientierung im dichten Wald dagegen, zumal, wenn kein Sonnenlicht die Himmelsrichtung anzeigt, war auf markante Wegmarken wie Findlinge oder Baumunikate angewiesen. Auch Markierungen an Bäumen oder gesetzte Steine können Orientierungshilfen geboten haben, die aber für Ortsfremde kaum von Nutzen waren.

Im Neolithikum schufen die nunmehr sesshaften Siedlerinnen und Siedler Rodungsinseln in dieser Waldlandschaft. Diese offenen Bereiche waren, je nach Dauer und Intensität der Nutzung durch Holzeinschlag und Beweidung, von lichteren Beständen bis hin zu parkartigen Arealen umgeben. Dort, wo der Wald künstlich aufgelichtet wurde, breiteten sich allerdings Hasel- und andere Sträucher stärker aus, wie aus pollenanalytischen Untersuchungen ersichtlich ist. Auch solche Haselhaine waren nur schwer passierbar. Erst gegen Ende des Neolithikums gibt es Hinweise auf größere offene Landschaften, in denen nunmehr Megalithgräber und nicht mehr die von den Eiszeiten zurückgelassenen Findlinge Orientierungsmarken dargestellt haben. Die in der anschließenden Bronzezeit errichteten Grabhügel sind oftmals in Reihen entlang offensichtlicher Verkehrswege orientiert (vgl. Beitrag von J. Kneisel *et al.* in diesem Band). Wie der in einigen Regionen nachgewiesene Aufbau der Hügel aus Heidesoden erkennen lässt, standen sie oft in Heidelandschaften. Diese Landschaftsform entsteht, wenn bereits ausgedünnte Wälder zu stark genutzt werden. Die Sichtbarkeit der Grabhügel bildete offenbar ein wichtiges Motiv in der Standortwahl. Alle

» Die Überwindung weiter Entfernungen war eine Herausforderung, bei der es galt, starke Höhenunterschiede zu vermeiden, Flüsse und Moore an Furten und Engpässen zu überwinden und sich einen Weg durch den Wald zu bahnen. «

» Erst gegen Ende des Neolithikums gibt es Hinweise auf größere offene Landschaften, in denen nunmehr Megalithgräber und nicht mehr die von den Eiszeiten zurückgelassenen Findlinge Orientierungsmarken dargestellt haben. «

↑ Ein typischer Fernhandelsweg in der Jungmoräne – Segeberger Landstraße bei Kiel-Wellsee (Foto: W. Dörfler)

» Ausgefahrene Spuren ließen die Wege immer breiter werden und führten an Hängen zur Entstehung von Hohlwegen. «

Wege werden zu dieser Zeit unbefestigt gewesen sein, mit Ausnahme der Bohlenwege durch Feuchtgebiete – deren erste bereits im Neolithikum errichtet wurden (vgl. Beitrag von J. P. Brozio in diesem Band). In der Bronzezeit erreichten diese in zahlreichen Mooren des nördlichen Mitteleuropas erhaltenen Holzkonstruktionen herausragende Qualität, allerdings ist ihre Funktion in vielen Fällen ungeklärt. Fehlende Abnutzungsspuren sprechen eher gegen eine intensive Nutzung durch Vieh und Wagen oder Schlitten. Oftmals werden ihnen auch kultische Zwecke zugeschrieben. In den norddeutschen Altmoränenlandschaften waren die unbefestigten Straßen und Wege aufgrund des sandigen Untergrunds oft zerfahren und nach Regenfällen schwer passierbar. Auch für überregionale Verkehrswege, wie etwa die mittelalterlichen und neuzeitlichen Heer- oder Ochsenwege durch Schleswig-Holstein und Dänemark sind schwierige Verkehrsbedingungen belegt (vgl. Beitrag J. Kneisel *et al.* in diesem Band). Ausgefahrene Spuren ließen die Wege immer breiter werden und führten an Hängen zur Entstehung von Hohlwegen. Solche Fernwege dienten nicht nur dem Handel, sondern auch als Aufmarschwege für Heere und im Mittelalter als Pilgerwege.

Auch in jüngerer Zeit waren Fernhandelswege in der Jungmoräne, wie die Segeberger Landstraße zwischen Kiel und dem heutigen Bad Segeberg, unbefestigt oder mit einfachem Kopfsteinpflaster versehen. Am Stadtrand von Kiel ist ein Streckenabschnitt aufgrund veränderter Wegeführung der modernen Straße gut erhalten. Er vermittelt einen Eindruck, wie solche regionalen Verkehrswege bis in die Neuzeit ausgesehen haben. Häufige Klagen über ausgefahrene und schwer passierbare Wegstrecken waren die Folge. Erst Graf Andreas Peter Bernstorff nahm sich als Leiter der deutschen Kanzlei in Kopenhagen Ende des 18. Jahrhunderts der Sache an. Die im Jahre 1784 veröffentlichte Wegeordnung unterschied drei Klassen: Landes- und Heerstraßen mit Post- und Frachtverkehr, Landstraßen und –wege, die Städten und Marktflecken miteinander verbanden, sowie Kirch-, Leichen- und Gutswege. Für den Bau und die Unterhaltung der Straßen waren die jeweiligen Anlieger verantwortlich, was dazu führte, dass sich an der Qualität, besonders auch der Fernstraßen, zunächst nichts änderte.

Erst vor knapp 200 Jahren begann man die Straßen einer besseren Verkehrsführung anzupassen. So ermöglichte die erste befestigte Straße in Schleswig-Holstein, die 1830 bis 1832 gebaute Altona-Kieler Chaussee, dass die Fahrzeit für die 91 Kilometer lange Strecke von 24 auf zehn Stunden verkürzt wurde. Sie wurde im sogenannten Makadam-Verfahren erbaut, bei dem drei Schichten mit jeweils unterschiedlich großen, gebrochenen und gut verdichteten Gesteinsgrößen die Straßendecke bilden. Andere Straßen und Wege waren aber bis in die Neuzeit weiterhin in schlechtem Zustand, und viele Ortschaften bekamen erst Mitte des 20. Jahrhunderts eine gepflasterte oder geteerte Anbindung. Der Warentransport auf den unbefestigten Wegen war mühsam. In unwegsamem Gelände wird er bevorzugt auf Packtieren erfolgt sein. Dies war auch auf den zahlreichen für das Mittelalter nachgewiesenen Salzstraßen die Regel. Im Gebirge sind auch heute noch Esel und Menschen als Träger zur Versorgung von Almhütten im Einsatz.

Der Fernhandel wurde darüber hinaus sehr stark mit Booten und Schiffen entlang der Küsten und auf den großen Strömen betrieben. Besonders bei Massen- und Schüttgut bietet der Transport über Wasserwege deutliche Vorteile. Um etwa den für die Hanse elementar wichtigen Salztransport von der Lüneburger Saline über Lübeck in den Ostseeraum zu verbessern, wurde 1392 bis 1398 als erster europäischer Wasserscheidenkanal die *Stecknitzfahrt* erbaut. Der 97 Kilometer lange Wasserweg hatte 18 Höhenmeter zu überwinden, wofür zwei natürliche Flussläufe ausgebaut und ein 11,5 Kilometer langer Kanal mit mehreren Schleusen errichtet wurde. So konnten Salzkähne mit etwas mehr als einer Tonne Salz in fünf Wochen von Lüneburg nach Lübeck gelangen.

Land- und Wasserwege haben seit prähistorischen Zeiten die Landschaften erschlossen und zu ihrer Umgestaltung zur Kulturlandschaft beigetragen. Sie ermöglichten den Warenaustausch und die Entstehung von Handelsnetzen. Gleichzeitig gewährleisteten sie den Kontakt und Austausch zwischen den Menschen. Ortschaften in der Nähe historischer Heerwege haben aber auch immer stark unter Einquartierungen von durchziehenden Soldaten gelitten. Wege bildeten und bilden ein wichtiges Landschaftselement, das Grundlage für den Austausch von Menschen, Informationen und Waren war und ist. ◆

» Um etwa den für die Hanse elementar wichtigen Salztransport von der Lüneburger Saline über Lübeck in den Ostseeraum zu verbessern, wurde 1392 bis 1398 als erster europäischer Wasserscheidenkanal die *Stecknitzfahrt* erbaut. «

» So ermöglichte die erste befestigte Straße in Schleswig-Holstein, die 1830 bis 1832 gebaute Altona Kieler Chaussee, dass die Fahrzeit für die 91 Kilometer lange Strecke von 24 auf zehn Stunden verkürzt wurde. «

Henny Piezonka und Karolina Varkuleviciute

Gemeinsam unterwegs – Die Verflechtung von menschlichen und tierischen Wanderungen

Artenreiche Gesellschaften in Bewegung

Bilder von Jägern, die einer vorbeiziehenden Wildtiergruppe auflauern, von einer Nomadenjurte in der Steppe, die von Pferden umgeben ist, oder von einem Hirten, der seine Schafherde über einen Berghang führt, sind in Büchern, Filmen oder auch im Internet weit verbreitet. All diese Situationen verdeutlichen einen wichtigen Aspekt der menschlichen Mobilität: ihre Verflechtung mit den Bewegungen der Tiere.

In der Archäologie ist die Mobilität von Menschen ein zentrales Untersuchungsfeld. Sie kann uns Aufschluss über wichtige Bereiche vergangener Lebenswelten geben, etwa über Wirtschaft, Kommunikationsnetze und sogar soziale Strukturen. Ein Aspekt, der im Vergleich zu seiner Bedeutung manchmal nicht ausreichend beachtet wird, ist die Tatsache, dass diese menschlichen Mobilitätsmuster eng mit Tieren und deren Bewegungen in der Landschaft verwoben sein können. Solche Mobilitä-

← Nenzischer Rentierhalter auf der Jamal-Halbinsel, Sibirien, unterwegs mit seinen Tieren (Foto: O. Kardash, OOO Severnaya Archeologija, Neftejugansk).

ten sind integrale Bestandteile über den Menschen hinausgehender, artenreicher Welten. Sie hängen dabei stark von den nicht-menschlichen Akteuren, deren Verhalten, Bedürfnissen und Entscheidungen ab. In den Wissenschaften, einschließlich der Archäologie, setzt sich die Erkenntnis durch, dass die Trennung zwischen Natur und Kultur ein (westliches) Konstrukt ist. Die Zusammenarbeit von Forscherinnen und Forschern mit traditionellen Wissensträgern in nichtwestlichen Gesellschaften, z.B. durch ethnoarchäologische Ansätze, und indigene Archäologien rücken zunehmend alternative Weltsichten und Lebensweisen in den Fokus. Diese beruhen häufig auf einer stärkeren Integration des Menschen in seine belebte und unbelebte Umwelt. Traditionelles ökologisches Wissen trägt dazu bei, ein neues Licht auf die Mensch-Tier-Beziehungen und ihre Variationen in der Vergangenheit zu werfen. Es bildet damit den Hintergrund für unsere kurze Darstellung der Rolle solcher Beziehungen für die Bewegungen und Wege der Menschen.

Um dieses Problem zu veranschaulichen, werfen wir beispielsweise einen Blick auf Jäger- und Hirtengesellschaften in verschiedenen eurasischen Landschaften. Ein grundlegender Unterschied zwischen der tierbezogenen Mobilität von Jägern, Sammlern und Fischern und derjenigen von Hirtennomaden besteht darin, dass erstere sich eher in Richtung der Ressourcen für die menschliche Ernährung bewegen, während letztere sich in Richtung der Ressourcen für die Ernährung des Viehs bewegen. Wie wir sehen werden, gibt es ein Spektrum, inwieweit menschliche Entscheidungen bzw. tierisches Verhalten diese Bewegungen beeinflussen.

Jäger-Fischer und Tierzyklen

Die Mobilitätsmuster von Jägern und Fischern sind eng mit den Bewegungen von Tieren und ihrer vorhersehbaren oder weniger vorhersehbaren Anwesenheit an bestimmten Orten in der Landschaft verflochten. Jäger-Fischer sind Experten für das Verhalten von Tieren. Sie kennen die bevorzugten Routen des Wilds sowie die Brennpunkte des saisonalen Vorkommens von Zugvögeln und Wanderfischen. Ihre eigenen Bewegungen in der Landschaft hängen von ihnen ab. Die Orte, an denen sich Routen von Mensch und Tier kreuzen, bilden geografische Knotenpunkte in der Landschaft, aber auch Knotenpunkte im Ablauf des Jahres. Diese Orte bieten sich zu den richtigen Zeitpunkten an, um Konstruktionen wie Reihen von Fallgruben für große Säugetiere oder Fischzäune an saisonalen Massenfangplätzen wandernder Fische anzulegen. Archäologische Spuren solcher Konstruktionen können Aufschluss über die Verflechtung der beteiligten Menschen und Tiere in der Vergangenheit geben. Solche Bewegungsmuster können ein aktives Management der Tierpopulationen und ihres Verhaltens beinhalten. Menschen in Jäger-Fischer-Gemeinschaften versuchen oft, die Wege der Tiere durch Rituale, aber auch durch Landschaftspflege zu beeinflussen, z.B. durch kontrolliertes Abbrennen von Vegetation, um Gebiete zu öffnen, die Tiere anziehen. Der Schutz bestimmter biologisch relevanter Gebiete durch (zeitweilige) Jagd- und Fischerei-Tabus kann praktiziert werden, um den Fortbestand wirtschaftlich wichtiger Tierpopulationen zu sichern.

Nomaden und ihre Tiere in Tundra und Steppe

In den weiten, offenen Räumen der Tundra im Norden und des Steppengürtels im zentralen Eurasien haben sich verschiedene Formen der mobilen Lebensweise von Menschen und ihren Tierherden entwickelt. Ein spezifisches System betrifft die Rentierhaltung in der Tundra im nordosteuropäischen Russland und in Westsibirien, das bis heute besteht. Hier versorgen große Herden, die manchmal aus Tausenden dieser halbdomestizierten Tiere bestehen, ihre Halter mit mehr oder weniger allem, was sie brauchen, von Nahrung über Rohstoffe für Werkzeuge bis hin zur Kleidung. Außerdem dienen die

» Transhumanz [...] umfasst die regelmäßige Bewegung von Haustierherden [...] zwischen saisonalen Weideplätzen in niedrigen und hochgelegenen Regionen. «

Rentiere dem Transport, da sie auch als Zugtiere für die Schlitten verwendet werden. Das Erstaunliche an diesem System des sehr engen Zusammenlebens von Mensch und Tier in einer extremen Umgebung ist die Tatsache, dass die Routen der jährlichen Wanderungen weitgehend von den Rentieren und nicht von den Menschen bestimmt werden. Zwischen den luftigen Sommerweideplätzen in der nördlichen Tundra und den geschützten Winterweiden am Rande der Taigawälder im Süden werden Entfernungen von 500 Kilometern und mehr in einer Richtung zurückgelegt. Die Menschen bestimmen vor allem das Tempo dieser Wanderungen und entscheiden über die zahlreichen Zwischenstopps, an denen für einige Tage ein Lager aufgeschlagen wird.

Mobile Weidewirtschaft hat sich auch in den eurasischen Steppen bereits vor Tausenden von Jahren in den fernen Zeiten der Steinzeit entwickelt, in den südlichen Regionen bereits um 6500 v.u.Z. Dieses auch Pastoralismus genannte System umfasst domestizierte Tiere wie Schafe und Ziegen, Rinder, Pferde und Kamele, die den Menschen Nahrung, Material, Transport und Gesellschaft bieten. Der nomadische Pastoralismus in Zentralasien basiert entweder auf der saisonalen Bewegung zwischen dem sesshaften Dorf und verschiedenen Weidegebieten oder zwischen verschiedenen saisonalen Siedlungen, um die besten Weiden für die Tiere zu finden. Ausreichend gute Möglichkeiten zur Bewegung der Menschen und ihrer Tiere an neue Orte sind besonders dann wichtig, wenn die Herden groß sind und das Land schnell überweiden können. Im Nahen Osten, wo die Trockenzeit die Ausdehnung der fruchtbaren Weideflächen begrenzt, konzentriert sich die mobile Weidewirtschaft auf die Routen entlang der Flusstäler.

Mobilität der Hirten in den Bergen: Mediterrane Transhumanz

Eine besondere Form der Weidewirtschaft (auch als „vertikale Transhumanz" bezeichnet) umfasst die regelmäßige Bewegung von Haustierherden (in Eurasien üblicherweise Schafe, Ziegen und Rinder, in Amerika Kameliden wie Lamas) zwischen saisonalen Weideplätzen in niedrigen und hochgelegenen Regionen.

Im Mittelmeerraum wurde dieses Mobilitätssystem bereits in der Jungsteinzeit ab 6000 v.u.Z. (kurz nach der Domestizierung der Tiere) angewandt, und es wird auch heute noch praktiziert. Die meisten Forschenden sind sich einig, dass die Transhumanz als Anpassung an die klimatischen Extreme der entsprechenden Tieflandregionen entstanden ist. Die sommerlichen Dürreperioden machen das Weideland im Tiefland für die Tiere schlecht nutzbar und zwingen die Hirten, ihre Tiere auf die Weiden im Hochland zu treiben, wo sie die kühlen und gut bewässerten Weiden genießen können. Die ältesten Beispiele für Transhumanz haben nur wenige archäologische Zeugnisse in Höhlen, Felsunterständen und Lagerplätzen hinterlassen. Das deutet darauf hin, dass diese Stätten nur saisonal bewohnt waren und wahrscheinlich in verschiedenen Jahreszeiten wiederholt genutzt wurden. Die sich rasch weiterentwickelnden naturwissenschaftlichen Methoden wie die Analyse stabiler Isotope konnten bestätigen, dass die vertikale Mobilität bereits in der jüngeren Steinzeit in gewissem Umfang stattgefunden hat.

Aus Epochen mit schriftlichen Quellen gibt es weit umfangreichere Belege für Transhumanz in Form von Karten, literarischen Quellen, Straßenbegrenzungssteinen und dauerhafteren Unterkünften auf den Weideplätzen. Wir wissen, dass es ein Netz von großen und kleinen Straßen gab, welche

← Eine Ziegenherde, die durch ein karges Weidegebiet im südlichen Jordanien in der Nähe des Wadi Finan zieht (Foto: K. Varkuleviciute).

die Siedlungen im Tiefland mit den Weideplätzen im Hochland verbanden. Diese Wege prägten die Art und Weise, wie die Menschen lebten und sich bewegten, und sie beeinflussten auch die Landschaftsgestaltung und die Siedlungsentwicklung. Städtische und ländliche Siedlungen entstanden in der Nähe der Kreuzungen der Wanderwege, die in Italien als *tratturi*, in Spanien als *cañadas* und in Frankreich als *carraires* bekannt sind. In der Nähe der Straßen befanden sich auch andere wichtige Bauwerke wie Brücken, Kirchen, Tavernen, Bauernhöfe und Villen, was zeigt, wie wichtig diese Wanderwege für das tägliche Leben der Gemeinschaften waren. Diese Straßen wurden im Laufe der Zeit auch verändert, um sich an die veränderten Bedürfnisse anzupassen, z. B. durch Verbreiterung der Trassen, um größere Viehherden aufnehmen zu können, oder durch den Bau neuer Straßen, um einen schnelleren Zugang zu bestimmten Weideflächen zu ermöglichen. Auch heute noch verändern sich diese Wege ständig, da die traditionellen Straßen weniger genutzt oder durch modernere Transportmittel wie Züge und Lastwagen ersetzt werden.

Während im Mittelmeerraum die saisonale Transhumanz vor allem aus ökologischen Gründen praktiziert wird, die mit sommerlichen Dürren in den tieferen Lagen zusammenhängen, hat die Transhumanz in den Alpen eher landwirtschaftliche Gründe: Hier wird das Tiefland für den Getreideanbau gerodet, so dass die Tiere zum Weiden ins Hochland getrieben und dann wieder hinuntergebracht werden, wenn es in den Bergen zu kalt wird.

Schlussfolgerungen

Wie die Beispiele aus den Lebenswelten der Jäger-Fischer und der Hirten zeigen, waren Tierzüge Ankerpunkte für die Art und Weise, wie die Menschen ihre Landschaften verstanden, bewohnten und organisierten. Die Routen der Tiere waren – und sind – für die Menschen nicht nur wirtschaftlich (Nahrung), sondern auch kulturell und sozial wichtig, zum Beispiel als Treffpunkte an Kreuzungen oder durch rituelle und kosmologische Bedeutungen bestimmter Wege und Orte. Im Laufe der Geschichte entwickelten sich die Straßen im Zusammenhang mit den Menschen und Tieren, um sich an deren Lebensweise und Bedürfnisse anzupassen, was zu neuen und nachhaltigen Verbindungsnetzen führte. ◆

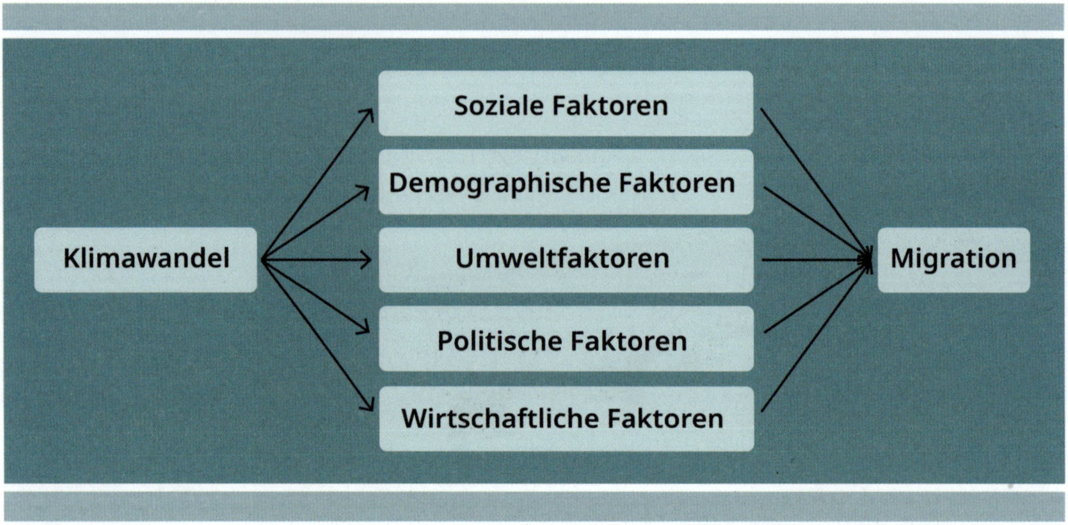

Mara Weinelt

Klimaflucht

Schätzungen des Weltklimarates (IPCC) gehen auf der Grundlage modellierter Klimavorhersagen davon aus, dass bis 2035 mehr als 200 Millionen Menschen wegen des Klimawandels ihre Heimat verlassen müssen und zu Flüchtlingen werden. Selbst wenn es gelänge, die globale Erwärmung auf unter zwei Grad Celsius zu drosseln, gehen die Expertinnen und Experten von immer noch 250 Millionen Klimaflüchtlingen schon in 2100 aus. Besonders gefährdet von den Folgen des Klimawandels sind aufgrund von Erwärmung, Meeresspiegelanstieg, Dürren und Überschwemmungen die Arktis, die kleinen Inselstaaten im Pazifik, die dicht bevölkerten Flussmündungen in Asien und die Gebiete Afrikas südlich der Sahelzone. Nicht nur dort, sondern weltweit bewirkt der Klimawandel die Veränderung ganzer Ökosysteme, eine Herausforderung für die zahlenmäßig noch wachsende Menschheit. Auch in Europa sind die Menschen neuerdings zunehmend Extremereignissen ausgesetzt. Gefahren wie häufigere, stärkere Dürren und Hitzewellen sowie Hochwasser- und Sturm-Ereignisse erfordern dringend neue Strategien, dem Klimawandel zu begegnen.

← Multi-kausales Schema eines Konzeptes von Klimawandel und Migration (nach Felgentreff und Geiger 2013).

Jedoch ist das Konzept des Umwelt- oder Klimaflüchtlings, das seinen Ursprung in den 1980er Jahren hat und in den frühen 2000er Jahren für die aus New Orleans in Folge des Wirbelsturms Katrina evakuierten Menschen geprägt wurde, keineswegs unumstritten. Heute meint die Bezeichnung „Klimaflüchtling" recht unscharf alle jene Menschen, die wegen regionaler Veränderungen des Klimas und deren Folgen ihre angestammten Territorien auf längere Zeit oder für immer verlassen und anderswo eine Existenzgrundlage zu finden suchen. So fehlt es bis heute an einer Definition von Umwelt- und Klimaflüchtlingen, noch findet ein Monitoring von Klimamigration überhaupt statt. Daher sind Schätzungen aufgrund vorhergesagter Klimaszenarien mit sehr großen Fehlern behaftet, und teilweise wird die Existenz von Klimaflüchtlingen ganz in Frage gestellt. Folglich fehlt es erst recht an vorausschauenderen und adäquaten Strategien, die Folgen von erwarteten Fluchtbewegungen zu mindern. Generell werden in einer einseitig verzerrten (Sicht der potenziell zur Aufnahme von Flüchtlingen verpflichteten Ländern) politischen Debatte Flüchtlingsbewegungen eher als Versagen von adaptiven Fähigkeiten denn als adaptive Strategien gesehen. So wird in der Genfer Flüchtlingskonvention wie auch im deutschen Asylrecht für Klimaflüchtlinge bis dato ein Asylrecht allenfalls dann in Betracht gezogen, wenn ihr Heimatland insgesamt unbewohnbar geworden ist. Die meisten Studien deuten allerdings auf vielschichtige Ursachen hin, wobei Umweltveränderungen Auslöser, aber nicht alleinige Ursache von Migrationsentscheidungen sind. Auch wissenschaftlich ist der Zusammenhang zwischen Klimawandel, Migration und Flucht bislang nur unzureichend untersucht. Zu selten noch wird insbesondere das Potenzial von Migration als Adaptationsmechanismus gesehen, eine Sichtweise, die Migration weniger als problematisch betrachtet, sondern im Gegenteil als Beitrag zur Lösung von Problemen würdigt, die durch Klimawandel verursacht werden.

Langfristige Prozesse verstehen: Ein Blick in die Vergangenheit

Um diese Zusammenhänge und Muster besser zu verstehen, lohnt ein Blick in die tiefere Vergangenheit. So kann die Analyse der Rolle von Klimawandel und sozialen Faktoren bei früheren Migrationsbewegungen zu einem besseren Verständnis beitragen, welche Konsequenzen solche Dynamiken langfristig für die betroffenen Regionen hatten. Alternative Strategien, strukturelle Merkmale und Innovationspotenziale können identifiziert werden, die frühere menschliche Gesellschaften gegenüber den Gefahren des Klimawandels resilient gemacht haben. Eine der Hypothesen, die der Exzellenzcluster

» Zu selten noch wird insbesondere das Potenzial von Migration als Adaptationsmechanismus gesehen, eine Sichtweise, die Migration weniger als problematisch betrachtet, sondern im Gegenteil als Beitrag zur Lösung von Problemen würdigt, die durch Klimawandel verursacht werden. «

ROOTS untersucht, ist die, dass sozial ausgeglichenere Gesellschaften mit gutem Zusammenhalt bessere Möglichkeiten eines ausgewogenen Umgangs mit Ressourcen und andere Formen der Nachhaltigkeit entwickeln und dadurch klimatischen Stress langfristig abmildern konnten. Letztendlich können gerade schlüssige archäologisch-umweltanalytische Erkenntnisse zu einem Wechsel der Denkweisen in der hochpolitischen Debatte beitragen. Sie können helfen, die adaptiven Potenziale von Migration wie auch die Bekämpfung der Ursachen für die Not Betroffener in den Vordergrund zu stellen. Dazu ist es von zentraler Bedeutung, die sich gegenseitig bedingenden Effekte und komplexen Dynamiken von Klima-, Umwelt- und Gesellschaftswandel über längere Zeiträume hinweg empirisch besser zu erfassen.

Während Ausmaß und Geschwindigkeit des derzeitigen anthropogenen Klimawandels und seiner Folgen unbestritten beispiellos in der Menschheitsgeschichte sind, können historische und prähistorische Klimakrisen durchaus als Vorläufer heutiger und künftiger Krisen betrachtet werden. Die Forschung zeigt, dass Menschen wiederholt mit veränderlichen Siedlungsmustern auf raschen Klimawandel reagiert haben. Sie bezeugt auch, dass tiefgreifende gesellschaftliche Transformationen häufig mit Umstellungen des Klimasystems und damit verbundenen Umweltveränderungen einhergingen. Im Rückblick haben Menschen als Kosmopoliten schon früh ihre Fähigkeit unter Beweis gestellt, sich den unterschiedlichsten auf der Erde herrschenden klimatischen Bedingungen anzupassen. Sie haben dort auch unter extremen Bedingungen überlebt, solange die nötigen ökonomischen, wissenschaftlichen, technischen und kulturellen Errungenschaften zugänglich und dauerhaft nutzbar waren. Migration ist dabei ein tief verwurzeltes Muster der Anpassung, das auch als Ausgangspunkt für die Entwicklung geeigneter Strategien zum Umgang mit raschem Klimawandel diente. Zu solchen Strategien zählen etwa episodische Klimawanderungen, wie sie in Afrika südlich der Sahara seit Generationen praktiziert werden. Dazu gehören aber auch Wirtschaftsstrategien, bei denen Feldbau mit Nutztierhaltung auf Naturweiden kombiniert wird, wie die im Mittelmeerraum seit Jahrtausenden ausgeübte saisonale Transhumanz (vgl. Beitrag von H. Piezonka und K. Varkuleviciute in diesem Band).

↑ **Heutige Fluchtrouten über das Mittelmeer nach Europa. Der Anteil an „Klimaflüchtlingen" ist unklar (Karte: © Aktion Deutschland Hilft / S. Goedecke; Quelle: UNHCR, Stand 14.06.2019)**

Eine globale Klimakrise vor 4200 Jahren

Neue wissenschaftliche Ansätze ermöglichen ein quasi rückwärts gerichtetes Monitoring früherer Flüchtlingsbewegungen unter erhöhtem Klimastress auf etablierten und möglichen Routen entlang ökologischer und/oder ökonomischer Gefälle. Dazu identifizieren, rekonstruieren und analysieren Expertinnen und Experten aus Archäologie und Umweltwissenschaften gemeinsam die sozialen Folgen früherer Klimakrisen und werten veränderliche Siedlungs- und Bevölkerungsmuster sowie Umweltbedingungen aus verschiedenen regionalen Archiven aus. Den heutigen und zukünftigen ähnliche Klimaszenarien fanden sich zuletzt im mittleren Holozän (ca. 8000 bis 4000 Jahre vor heute). Damals herrschten verbreitet wärmere und teilweise instabile Bedingungen im Vergleich zu den heutigen bzw. vorindustriellen, verbunden mit Umweltgefahren in ähnlicher Größenordnung. Das neben biblischen Exodus-Szenarien wohl bekannteste historische Bei-

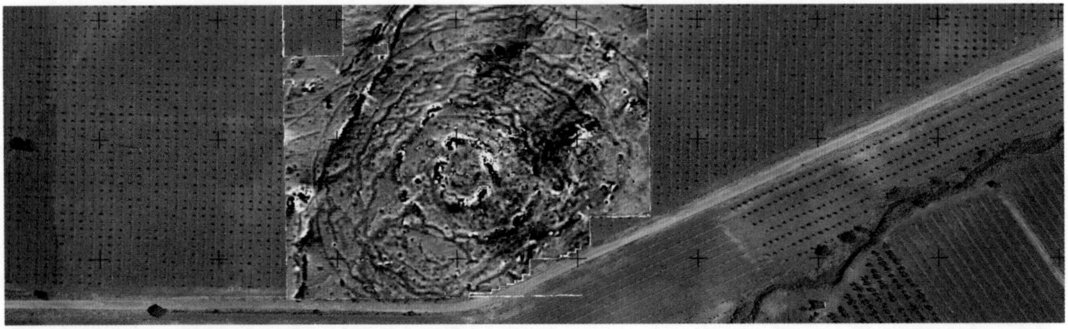

↑ Geomagnetische Rekonstruktion der Großgrabenanlage Monte da Contenda, Arronches, Portugal. Solche zuvor für viele Jahrhunderte existierende kupferzeitlichen Megasiedlungen wurden im Zuge der 4.2 ky Klima-Krise im Südwesten der Iberischen Halbinsel nahezu vollständig aufgegeben (nach Ribeiro *et al.*, 2019).

spiel einer „globalen Klimakrise" der letzten 5000 Jahre ist das sogenannte 4.2 ky (= kilo year) Ereignis. Ausgelöst durch eine Störung des Monsun-Systems führte eine anhaltende Dürrephase vor etwa 4200 Jahren zum Kollaps großer urbaner Zentren in Mesopotamien und löste große Flüchtlingsbewegungen aus den Trockengebieten hin in die Flussbereiche aus. Die Entwicklung neuer Strategien, diese dichten Populationen vor dem Hintergrund knapper Ressourcen zu managen, gilt als wichtige Antriebskraft für die Entwicklung früher Gesellschaften. Hinweise auf direkte Aus- und Fernwirkungen dieses Ereignisses finden sich weit verbreitet auf der gesamten nördlichen Hemisphäre. Diese Auswirkungen auf unterschiedliche Kulturen unter verschiedenen Klima- und anderen Ausgangsbedingungen sind derzeit Gegenstand intensiver Forschung.

Klima und Anpassung in der Bronzezeit Iberiens

Eine Studie im Kieler Sonderforschungsbereich 1266 „Scales of Transformation" hat gezeigt, dass sich das 4.2 ky Ereignis auf der südlichen iberischen Halbinsel, einer marginalen Region, mit ausgeprägten Dürrephasen manifestierte. Interessant ist diese Erkenntnis, weil auch heute für die Iberische Halbinsel überdurchschnittlich zunehmende Trockenheit prognostiziert wird. Vor 4200 Jahren gingen die Dürrephasen mit großräumigen Bevölkerungsveränderungen am Übergang von der Kupfer- zur Bronzezeit einher, verliefen allerdings im östlichen und westlichen Sektor unterschiedlich und teilweise gegenläufig. Während der Südwesten Iberiens unter trockenen kalten Winterbedingungen einen starken Bevölkerungsrückgang erfuhr, bei dem die Aktivitäten in fast allen markanten kupferzeitlichen Großsiedlungsanlagen um 4200 Jahre vor heute abbrachen, boomte die aufstrebende El-Agar-Kultur im Südosten trotz ähnlich ungünstiger klimatischer

» Dazu ist es von zentraler Bedeutung, die sich gegenseitig bedingenden Effekte und komplexen Dynamiken von Klima-, Umwelt- und Gesellschaftswandel über längere Zeiträume hinweg empirisch besser zu erfassen. «

Bedingungen mit großen Bevölkerungszuwächsen und offenbar gut angepassten Wirtschafts- und Ressourcenmanagement bis ca. 3600 vor heute. Eine langsame Erholung der Bevölkerungszahlen und die Etablierung neuer, bronzezeitlicher Kulturen im Südwesten lässt sich hingegen erst einige Jahrhunderte später registrieren. Welche Rolle damals tatsächlich Bevölkerungsbewegungen von Ost nach West gespielt haben, ist derzeit noch schwer zu rekonstruieren. Hier werden weitere Untersuchungen der Verwandtschaftsbeziehungen beider Regionen anhand ihrer genetischen und kulturellen Signaturen Auskunft geben. ◆

Kapitel 3:

Wie weit reichen Wege zurück?

Fundort Ahrensburger Kultur
Fundort Federmesser-Gruppen
Fundort Hamburger Kultur
Helgoland
N
0
125
250 km

Berit Valentin Eriksen und Wolfgang Rabbel

Versunkene Pfade in der Nordsee – Auf den Spuren spätpaläolithischer Rentierjäger vor der Küste Helgolands

Gegen Ende der letzten Eiszeit mussten Jäger- und Sammlergruppen mit weitreichenden klimatischen Veränderungen fertig werden. Als sich die Welt erwärmte, schmolzen die Gletscher, der Meeresspiegel stieg, große Gebiete wurden überflutet und ganze Landschaften verschwanden im Meer. Dieses dynamische Muster der Landschaftsveränderung ist ein wichtiges Forschungsthema im Exzellenzcluster ROOTS, in dem Forscherinnen und Forscher den Zeitpunkt und die Art der Besiedlung Nordeuropas durch Jäger und Sammler in dem Zeitraum zwischen ca. 15.000 und 9.500 v.u.Z. untersuchen. In der Erdgeschichte bezeichnet man diese Zeit als spätes Pleistozän und frühes Holozän, mit Blick auf menschliche Gemeinschaften und ihre Kultur spricht man vom Spätpaläolithikum. Das Forschungsgebiet erstreckt sich dementsprechend weit über die heutige 'Terra firma' hinaus bis hin zu den vergangenen Landschaften, die von der Nordsee überflutet wurden.

Archäologische Artefakte und vom Meeresboden gebaggerte tierische Überreste zeigen, dass sich mobile Jäger- und Sammlergruppen einst im Doggerland, heute mitten in der Nordsee gelegen, aufhielten. Die frühere menschliche Nutzung dieser ausgedehnten Region, die Dänemark, Deutschland, die Niederlande, Belgien und Großbritannien miteinander verbindet, ist für unser Verständnis des prähistorischen Siedlungsverhaltens in Nordeuropa von entscheidender Bedeutung. Heute ist vor allem die südliche Nordsee als Fundort für Sedimente, Knochen und Artefakte aus dem Pleistozän und frühen Holozän bekannt. Aus dem Gebiet um die Insel Helgoland liegen dagegen bisher keine steinzeitlichen Artefakte vor. Archäologische Funde an Land deuten jedoch darauf hin, dass während des Spätpaläolithikums prähistorische Jäger- und Sammlergruppen zwischen Helgoland und dem heutigen Festland mit Werkzeug-Sets aus dem charakteristischen roten Helgoländer Feuerstein unterwegs waren.

← Ungefähre Ausdehnung von Doggerland (blau) im Spätglazial sowie Meeresspiegel und Gletscher um ca. 11.000 v.u.Z. Die Karte zeigt die Lage der archäologischen Inventare der wichtigsten spätpaläolithischen Kulturgruppen (Hamburger, Federmesser und Ahrensburger) mit Artefakten aus rotem Helgoländer Feuerstein (nach C. Lux-Kannenberg, Stiftung Schleswig-Holsteinische Landesmuseen, Schloss Gottorf).

Diese Jäger- und Sammlergruppen waren in hohem Maße von Rentieren abhängig, und höchstwahrscheinlich haben sich diese Menschen beim Verfolgen der wandernden Rentierherden in das Doggerland-Gebiet vorgewagt. Rentierknochen werden heute häufig vom Nordseeboden gefischt oder gebaggert, und man nimmt allgemein an, dass die Herden regelmäßig zwischen dem heutigen Festland und den früheren Doggerlandgebieten hin und her zogen. So deuten die Ergebnisse von Iso-

» Die Menschen der Vergangenheit sind aufgrund der Umweltbedingungen bestimmten Routen gefolgt. «

topenanalysen darauf hin, dass die Rentierherden während des fraglichen Zeitraums größtenteils in Ost-West-Richtung durch die Region zogen. Wahrscheinlich überwinterten sie im Osten und wanderten entlang der großen Flusssysteme und Schmelzwassertäler zu den Sommerweiden im Westen, also nach Doggerland. Die Existenz von Transportmitteln (Boote, Schlitten, Skier) im Spätpaläolithikum wird in der Wissenschaft kontrovers diskutiert, da bisher keine direkten Beweise vorliegen. Wir müssen also davon ausgehen, dass Menschen die Rentiere jagten, indem sie die Herden entlang ihrer saisonalen Wanderungen abpassten. Wahrscheinlich errichteten menschliche Gruppen ihre Lager an Aussichtspunkten, die auch andere Ressourcen für die Zeit des Wartens boten.

Die modernen Bezeichnungen für die wichtigsten spätpaläolithischen Gruppierungen der Rentierjäger, Hamburger und Ahrensburger Kultur, leiten sich von den namensgebenden Fundplätzen nördlich der Elbe im Ahrensburger Tunneltal bei Hamburg ab. Über einen Zeitraum von mehreren tausend Jahren schlugen die prähistorischen Jäger hier immer wieder ihr Lager auf. Es steht außer Frage, dass der alte Flusslauf der Elbe in der fraglichen Zeit eine sehr wichtige Wanderroute markierte. Diese Route hätte die Rentiere und ihre Jäger direkt nach Helgoland geführt, das damals als feste Landmarke in einer weiten und sich wandelnden Landschaft auffiel. Die Reminiszenz an den australischen „Ayers Rock" ist natürlich spekulativ, aber aus der Sicht der damaligen Jäger- und Sammlergruppen vielleicht gar nicht so abwegig. Helgoland wäre mit Sicherheit ein Aussichtspunkt gewesen, der den Jägern einen perfekten Blick über die Landschaft und die Möglichkeit geboten hätte, wandernde Rentierherden aus der Ferne zu erkennen. Darüber hinaus ist Helgoland der einzige Ort westlich des Jungmoränengebiets, an dem Feuerstein in guter Qualität natürlich vorkommt. In der Steinzeit wäre dies eine begehrte Ressource gewesen, die sogar einen Abstecher von der Rentierjagd wert sein durfte.

Forschung auf dem Meeresgrund

Aufgrund der jüngeren Geschichte, einschließlich der schweren Bombardierungen während des Zweiten Weltkriegs, gibt es auf Helgoland heute keine Überreste von steinzeitlichen Siedlungen mehr. Selbst die früher auf der nahegelegenen Insel Düne aufgedeckten Feuersteinvorkommen sind inzwischen vollständig verschwunden. Um das Siedlungs- und Mobilitätsverhalten vergangener Jäger- und Sammlergruppen zu erforschen, muss man sich daher den versunkenen Gebieten in der Umgebung zuwenden. Hier stellt der Bereich nördlich und nordöstlich von Helgoland einen hochinteressanten Bereich zur Modellierung und Vorhersage prähistorischer Fundorte dar. Dieses Gebiet hat mit hoher Wahrscheinlichkeit einst gute Möglichkeiten für spätpaläolithische Siedlungen geboten. Allerdings ist noch nicht bekannt, inwieweit diese prähistorischen Landformen und Siedlungsplätze noch unter dem Meer erhalten sind – das ist laufende Forschung.

↓ Beispiel eines roten Helgoländer Feuersteins (mit freundlicher Genehmigung von S. Hartz, Museum für Archäologie, Stiftung Schleswig-Holsteinische Landesmuseen, Schloss Gottorf).

← Künstlerische Darstellung von spätpaläolithischen Rentierjägern vor Helgoland (mit freundlicher Genehmigung des Museums für Archäologie, Stiftung Schleswig-Holsteinische Landesmuseen, Schloss Gottorf).

Prähistorische Jäger- und Sammlergruppen zeichnen sich in der Regel durch ein hohes Maß an Mobilität aus, und selbst auf dem Festland sind ihre Lagerplätze oft schwer auffindbar. Auf der Grundlage ethnoarchäologischer Studien und regionaler Erhebungen, bei denen eine große Zahl prähistorischer Siedlungsreste untersucht wurde, stellt man jedoch fest, dass es bestimmte Faustregeln für die Lage von Siedlungen gibt. Die Menschen der Vergangenheit sind aufgrund der Umweltbedingungen bestimmten Routen gefolgt. Diese Routen sind besonders leicht zu rekonstruieren, wenn es ein großes Gewässer (See oder großen Fluss) gibt, an dem sich die Bewegungen in der Landschaft orientieren. Aussichtspunkte (d. h. Hügelkuppen mit guter Aussicht auf die Umgebung) wurden aufgrund ihrer exponierten Lage meist nur kurzzeitig genutzt. Häufiger wurden geschützte Standorte in der Nähe einer Süßwasserquelle bevorzugt.

Perspektiven für die Forschung

Ziel der Forschung im Exzellenzcluster ROOTS ist es, die spätpleistozäne und frühholozäne Landschaft im heutigen Nordseegebiet nördlich von Helgoland zu rekonstruieren, die einst von spätpaläolithischen Jäger- und Sammlergruppen intensiv genutzt wurde. Für diese frühe Bevölkerung muss Helgoland als weithin sichtbare Landmarke von immenser Bedeutung gewesen sein. Es muss ein Orientierungspunkt in einer weiten Landschaft gewesen sein und zeitweise vielleicht das einzige feste Objekt in einer dynamischen Umgebung. Gleichzeitig war Helgoland die Quelle von hochwertigem Feuerstein, der bereits in der späten Altsteinzeit über weite Strecken in das heutige Binnenland transportiert wurde. Die Rekonstruktion der prähistorischen Siedlungsmuster und Wanderungswege im Überflutungsgebiet ist daher eine der zentralen ungelösten Fragen der heutigen Steinzeitforschung für das nördliche Mitteleuropa.

Antworten sollen unter anderem hochauflösende meeresgeophysikalische Messmethoden (z. B. Hydroakustik) liefern, die es ermöglichen, vergangene Landschaftsformen, die heute unter dem Meer liegen, zu untersuchen und zu kartieren. Besonderes Augenmerk liegt dabei auf den Entwässerungssystemen, da diese für die Mobilität und Siedlungsdynamik prähistorischer Jäger- und Sammlergruppen eine entscheidende Rolle gespielt haben. Die sedimentäre Füllung der Kanäle wird im Detail untersucht, um ihre Entwicklung zu rekonstruieren. Zur Überprüfung der Daten dient die Analyse von Sedimentkernen mit hochauflösenden Multiproxy-Methoden (Sediment, Pollen, Foraminiferen sowie Makrofossilien von Pflanzen und Insekten). Die Integration der Daten aus den Kernen und der Sedimentecholotdaten wird schließlich zu einem detaillierten Modell der heute überfluteten Paläolandschaft führen. Es ermöglicht im Idealfall, die wahrscheinlichen Standorte der Siedlungen der Jäger und Sammler und die damit verbundenen Migrationswege zu Lande und zu Wasser aus der fraglichen Zeit zu bestimmen. ◆

Johanna Hilpert und Jutta Kneisel

Ursprünge der Seidenstraße

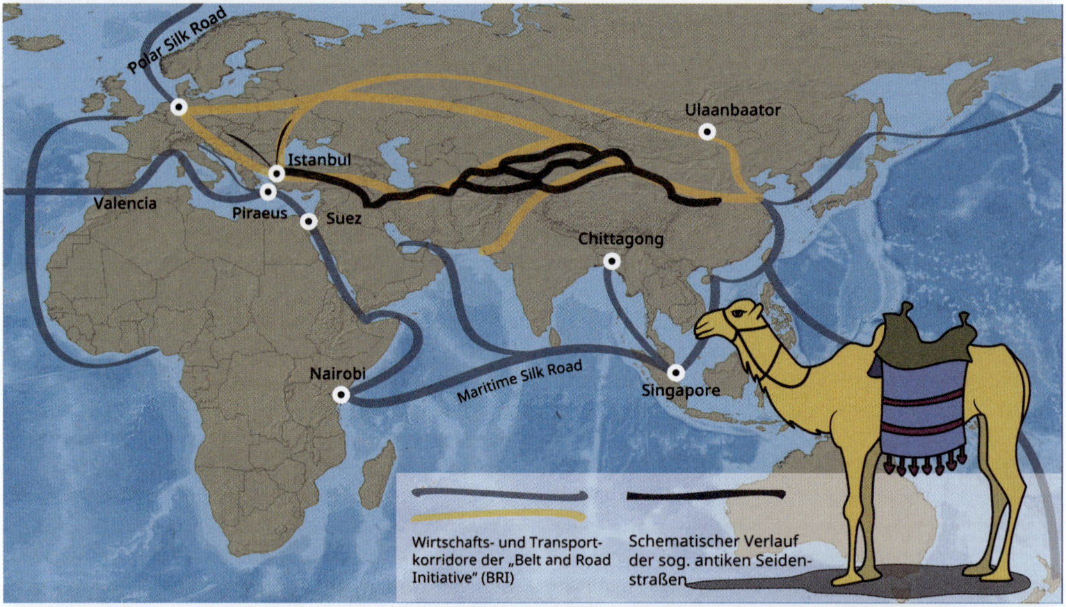

Seit jeher nutzen die Menschen bestimmte Wege für Migration, Tausch und Handel. Sie entwickelten über weite Strecken reichende Kommunikationsnetzwerke. Entlang dieser Routen wurden nicht nur Waren verteilt, es breiteten sich auch Ideen, Innovationen, Technologien sowie Gene oder Krankheiten aus. Diese von geographischen Gegebenheiten geprägten Korridore haben schon immer einen großen Einfluss auf lokale, trans- und interkontinentale Entwicklungen. Ortschaften in vorteilhafter Lage konnten beispielsweise die Kontrolle über den Warenfluss erlangen, und sie entwickelten damit strategische Vorteile gegenüber abgelegeneren Ansiedlungen.

„The New Silk Road", Ziel und Verlauf

Die wirtschaftliche Bedeutung dieser Korridore ist in jüngster Zeit durch die chinesische „Belt and Road Initiative" (BRI) wieder verstärkt ins Zentrum des öffentlichen Interesses gerückt. BRI hat das Ziel, durch den Aufbau von Infrastruktur über Land und See und die Etablierung einer Wirtschaftsroute die Anbindung von Ostasien nach Afrika und Europa zu ermöglichen und zu festigen. Dabei werden sowohl vorhandene Strukturen weiter ausgebaut als auch neue Versorgungswege und Knotenpunkte wie Häfen, Güterbahnhöfe und ganze dazugehörige Städte geschaffen.

Die Anbindung von China nach Europa erfolgt entlang vier Haupttrassen. Die maritimen Routen erreichen den europäischen Kontinent über den hohen Norden („Polar Silk Road") und im Süden über das Mittelmeer („21st Century Maritime Silk Road"). Die landgebundenen Korridore verlaufen zum einen über die Landbrücke südlich des Schwarzen Meeres und zum anderen im Nordosten über den Ural. Der südwestliche Weg führt über Iran, Afghanistan und die Türkei, den Bosporus überquerend entlang der Donautiefebene nach Zentraleuropa. Die nordöstliche Route läuft durch Sibirien durch die nordeuropäische Tiefebene, wo sie sich bei Berlin mit der südöstlichen Route verbindet und zu den großen Umschlagplätzen um Nürnberg und Duisburg führt.

Es liegt auf der Hand, dass der Verlauf dieser Routen von den Landschaften, durch die sie führen, beeinflusst wurde. So bilden Flusstäler, Gebirgspässe und Landbrücken natürliche Korridore. Menschliche Eingriffe und technische Neuerungen, wie beispielsweise der Bau des Suezkanals oder die Entwicklung von Flugzeugen, haben tiefgreifende Auswirkungen auf den Fluss von Waren und Menschen. Jedoch ist der prinzipielle Verlauf von Schiffswegen, Straßen und Schienen immer den gleichen Gesetzmäßigkeiten unterlegen. So lassen sich die großen Muster heutiger Handels- und Kommunikationstrassen bis weit in die Vergangenheit zurückverfolgen.

← Wirtschafts- und Transportkorridore der „Belt and Road Initiative (BRI) und schematischer Verlauf der antiken Seidenstraßen (Karte: J. Hilpert).

„Seidenstraße(n)" im 2. Jahrhundert v.u.Z.

Der Rückbezug der „Neuen Seidenstraße" in (prä-)historischen Zeiten ist auch Teil des chinesischen Narrativs des 21. Jahrhunderts. Seit Beginn der Initiative bezieht man sich auf die berühmte antike Seidenstraße, die bereits seit dem 2. Jahrhundert v.u.Z. den chinesischen Raum mit Europa verbunden haben soll. Der Begriff der „Seidenstraße(n)" wurde Ende des 19. Jahrhunderts von dem Geographen Ferdinand Freiherr von Richthofen geprägt. Er beschrieb damit die Routen, welche die fernöstliche Han-Dynastie vor mehr als 2000 Jahren mit dem Mittelmeerraum und Rom verbanden. Dabei handelt es sich aber nicht um eine einzelne definierte Straße quer durch den asiatischen Kontinent, sondern um ein ganzes Netzwerk von Verbindungswegen, die einen sehr großen geographischen Raum verknüpften. Auf diesen Routen bewegte sich weit mehr als nur die Handelsware Seide. Tiere, Menschen, Sprachen, Innovationen und Religionen, aber auch Konflikte oder Krankheiten breiteten sich entlang der Route aus, wie beispielsweise die Pest.

» Seit jeher nutzen die Menschen bestimmte Wege für Migration, Tausch und Handel. Entlang der genutzten Routen wurden nicht nur Waren verteilt, es breiteten sich auch beispielsweise Ideen, Innovationen, Technologien sowie Gene oder Krankheiten aus. «

Beispiele prähistorischer Routen (1): Die erste Migrationswelle des *Homo sapiens* vor 100.000 bis 25.000 Jahren

Die genannten Korridore, die heute bei der Erschließung die BRI und bei den historischen sogenannten Seidenstraßen so überaus wichtig waren, spielten schon viel früher eine bedeutende Rolle. Bereits in der Prähistorie, also in der Zeit vor der schriftlichen Geschichtsschreibung, waren die Verbindungswege vom Bosporus über die Karpaten und Alpen im Süden und die Route vom Ural in die Nordeuropäische Tiefebene im Norden wichtig. Die Nutzung dieser Wege lässt sich an Verteilungsmustern archäologischer Funde nachvollziehen.

Hinterlassenschaften der ersten modernen Menschen, des *Homo sapiens*, machen beispielsweise seine Migration nach Europa nachvollziehbar. Früheste Funde weisen darauf hin, dass erste Gruppen den afrikanischen Kontinent bereits vor mehr als 100.000 Jahren verließen. Sie erreichten Europa dabei durch die gleichen geographischen Korridore, die der BRI heute nutzt. Sie gelangten sowohl über die Sinai-Halbinsel als auch durch das „Tor der Tränen", die Bab-el-Mendeb-Meeresstraße zwischen dem Roten Meer und dem Golf von Aden, auf die arabische Halbinsel. Menschenknochen, aber auch andere Funde wie Steinwerkzeuge sowie genetische Untersuchungen belegen, dass eine Hauptroute der Migration über die Levante verlief und über die Meerenge zwischen dem Schwarzem Meer und dem Marmarameer nach Europa führte.

Die Besiedlung der restlichen Welt von Afrika aus wird in mehreren Wellen vonstattengegangen sein. Während sich nicht abschätzen lässt, ob alle Auswanderungswellen erfolgreich waren, so steht doch fest, dass in Europa die ersten Gruppen des modernen Menschen spätestens vor 40.000 Jahren Rumänien erreichten, und dann vor mindestens 25.000 Jahren in Portugal ankamen.

Beispiele prähistorischer Routen (2): Ausbreitung neuer Lebenskonzepte mit den ersten Bauern in Zentraleuropa vor 10.000 bis 7000 Jahren

Auch die Ausbreitung der ersten Bauern Richtung Zentraleuropa erfolgte über dieselben Korridore wie bereits zuvor. Im Bereich des fruchtbaren Halbmondes im Norden der arabischen Halbinsel gaben erste Menschengruppen vor ca. 10.000 Jahren ihr Dasein als Jäger und Sammler auf und wurden sesshaft. Sie fingen an, Häuser zu errichten, Getreide anzubauen und Schafe, Ziegen und Rinder zu domestizierten. Sie stellten Tongefäße zum Kochen und zur Vorratshaltung her.

Über den Landweg erreichten diese ersten jungsteinzeitlichen Kulturen über den Bosporus das Donaubecken, wo die sogenannten linearbandkeramischen Gruppen entstanden. Die Menschen der Linearbandkeramik begaben sich auf große Wanderungen, um neue Siedlungen auf den fruchtbaren Lössböden Zentraleuropas zu errichten. Sie nutzten auf dem Weg in die nordeuropäische Tiefebene das Donautal als natürliche Passage durch die großen

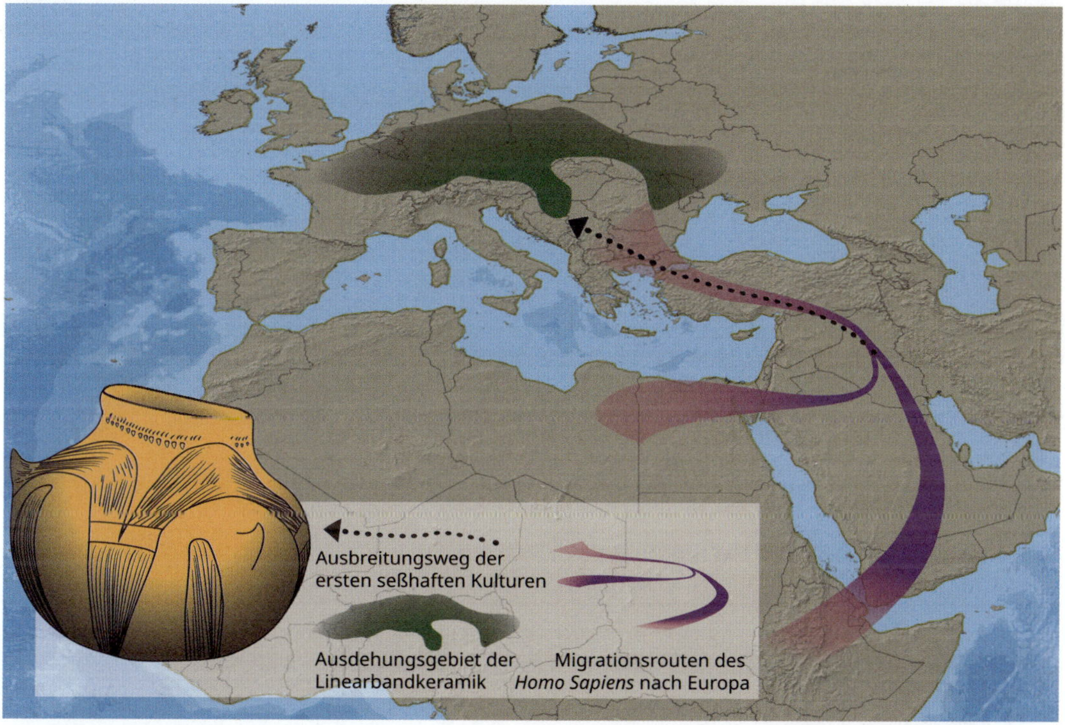

↑ Migrationsrouten des anatomisch modernen Menschen nach Europa und Ausdehnung der ersten sesshaften Gemeinschaften (Karte: J. Hilpert).

Gebirge der Alpen und Karpaten. Nur wenige Jahrhunderte später erreichte die Linearbandkeramik ihre maximale Ausdehnung. Ihr Gebiet umfasste die ungarische Tiefebene und erstreckte sich von den Ebenen westlich des Schwarzen Meeres im Osten bis nach Kujawien in Polen. Nördlich entlang der Alpen verlaufend, reichte es bis nach Westfrankreich und in die niederrheinische Tiefebene.

Die Kommunikation innerhalb der Ausbreitungsgebiete dieser ersten sesshaften Kulturen brach jedoch nicht ab. Anhand von Verzierungselementen der Keramik und der Verteilung von Artefakttypen wie persönliche Schmuckstücke aus der Spondylusmuschel aus Adria und Ägäis lassen sich weitreichende Verbindungen nachvollziehen. Die Menschen hörten also nicht auf zu reisen und hielten über weite Strecken Kontakt miteinander.

Beispiele prähistorischer Routen (3): Neue Technologien und Statussymbole in der Bronzezeit vor 3700 bis 2800 Jahren

Am Beginn der Bronzezeit führte der neue Bedarf an Rohstoffen wie Kupfer und Zinn zu einer Intensivierung der Netzwerke. Das technische „Knowhow" der Bronzeherstellung und der dafür nötige Rohstoff gelangen entlang des Kaukasus über die Karpaten weiter bis nach Nordeuropa. Dieser Prozess dauerte über zwei Jahrtausende an. Überall dort, wo das neue Metall genutzt wurde, erleben wir gesellschaftliche Veränderungen und die Zunahme sozialer Ungleichheit. Prunkvolle Monumentalbauten und reiche Gräber zeugen in vielen Teilen Europas von einer wohlhabenden Oberschicht, die Kontrolle und Macht über Kupfer und Zinn hatte.

↓ Natürliche Bernsteinvorkommen im Nord- und Ostseeraum, Ausbreitung von Bernsteinartefakten und Kaurischnecken sowie lokale Zentren mit Gesichtsurnen in der Bronze- und Eisenzeit (Karte: S. Beyer und J. Kneisel).

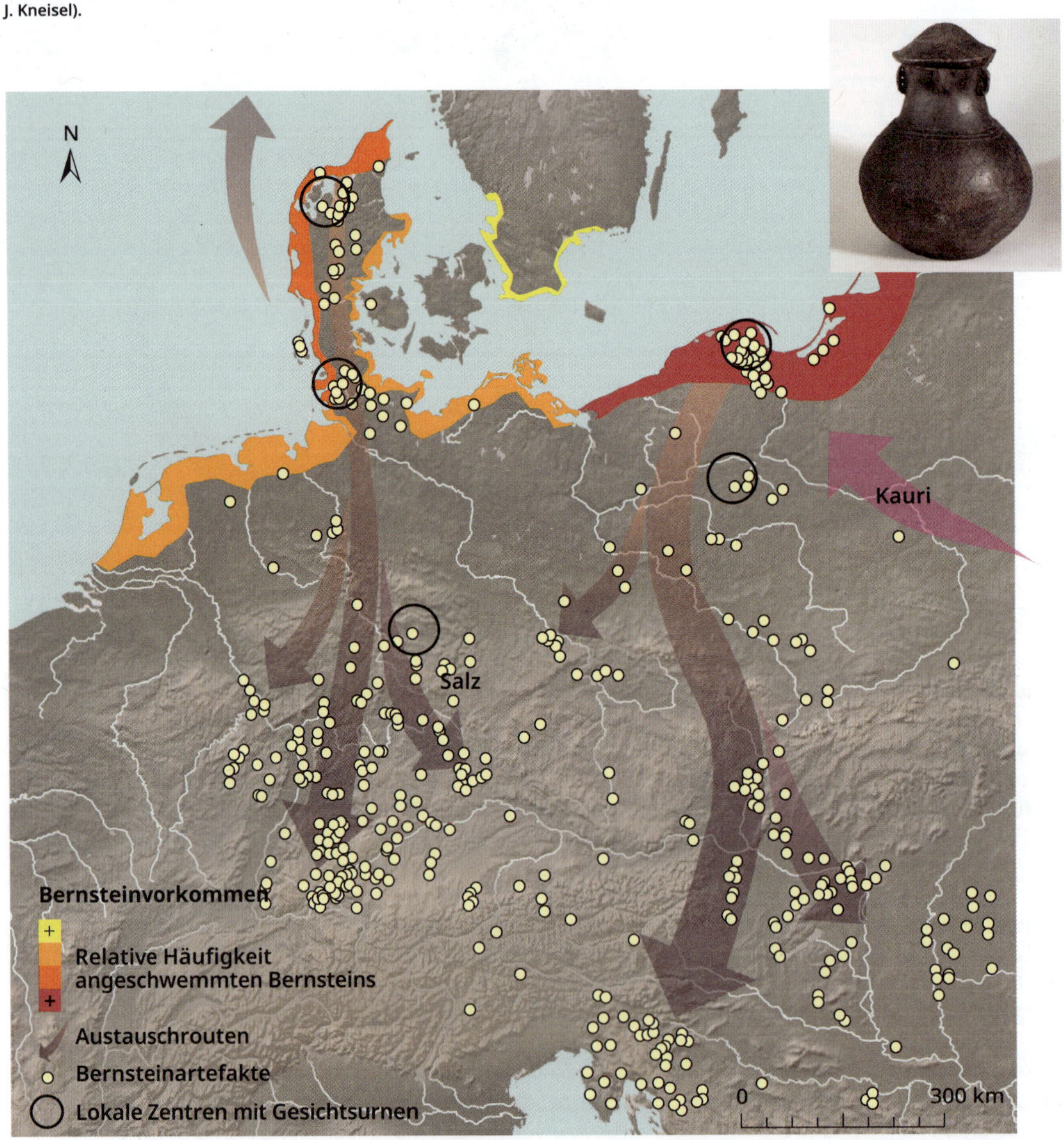

Diese Routen können durch Luxusgüter wie den Bernstein erfasst werden (vgl. Beitrag von B. Serbe und K. Saleem in diesem Band). Bernstein gelangte mit regulärem Handelsgut in die entferntesten Gebiete, von den baltischen Fundplätzen bis nach Ägypten und in die Levante. Die Verteilungsmuster des Bernsteins waren über die Zeit veränderlich und richteten sich nach Angebot und Nachfrage. Der Zusammenbruch von ganzen Gesellschaftssystemen führte zur Erschließung neuer Handelspartner und Herausbildung neuer Zentren, die für einige Jahrhunderte Bestand hatten. In diesen Zentren akkumuliert sich Reichtum, und weitreichende Verbindungen sind durch exotische Artefakte sichtbar.

Im Schlepptau von Waren und Technologie verbreiten sich auf diesen Wegen auch Weltanschauungen und religiöse Elemente. Die Einführung der Brandbestattung etwa folgte den großen Austauschrouten, die eingangs beschrieben wurden.

Beispiele prähistorischer Routen (4): Handelszentren und Händler der Eisenzeit vor 2 800 bis 2 400 Jahren

Doch wer waren die Händler? In der Eisenzeit entstehen in Europa Machtzentren, die erneut durch monumentale Grabhügel gekennzeichnet sind. Zentrale Siedlungen und einzelne Regionen mit einer Häufung von Gütern wie Gold, Bernstein und Exotika wie Glas und Kaurischnecken sowie Elfenbein zeugen von weitreichenden Kontakten vom Baltikum bis zum Indischen Ozean. Glas und Elfenbein verbreiten sich in dieser Zeit über das Mittelmeer und die Balkanroute bis nach Nordeuropa. Die Kaurischnecken dagegen gelangen über die nördliche Route, wahrscheinlich durch die Vermittlung früher Reiternomaden, nach Polen und später über die südliche Route über Ungarn und die Karpaten bis nach Süddeutschland.

Der Reichtum der Zentren ist verknüpft mit besonderen Rohstoffen und mit der Kontrolle dieser Rohstoffe wie Salz im Südharz oder in den Alpen, Bernstein in Jütland oder an der Danziger Bucht, oder Metalle. In Nordeuropa lassen sich die Händlergruppen, die zwischen den Zentren hin- und herreisen, anhand ihrer Bestattungssitte belegen. Urnen mit Gesichtern treffen wir in Dänemark, an der Danziger Bucht sowie in Mitteldeutschland und Italien an, immer in rohstoffreichen Gebieten und immer mit Lücken zwischen diesen Regionen (vgl. Beitrag von J. Kneisel in diesem Band). Über die Polarroute gelangen einzelne Exemplare bis nach Norwegen.

» Der Mensch ist schon immer mobil, er prägt seine Umwelt, aber die Umwelt prägt auch den Menschen und seine Mobilitätsmuster. «

Fazit

Der Blick in vergangene Jahrtausende zeigt, dass die moderne Seidenstraße uralten Mobilitätsmustern folgt, die seit Menschheitsbeginn der Verbreitung von Innovationen, Techniken, Rohstoffen, Ideen, aber auch gesellschaftlichen Entwicklungen Vorschub leisteten. Die Routen über Land und über das Meer folgen dabei naturräumlichen Gegebenheiten, wie Flusstälern, Bergpässen, Strömungen und Windrichtungen. Entlang dieser Routen entstanden Zentren, die maßgeblich die regionale Entwicklung beeinflussen und an denen sich Reichtum und Luxus in Form von Exotika akkumulierte.

Der Mensch ist schon immer mobil, er prägt seine Umwelt, aber die Umwelt prägt auch den Menschen und seine Mobilitätsmuster. Denn es sind die gleichen Routen, auf denen die Flüchtlingsströme sich bewegen, neue Ideen und Vorstellungen nach Europa bringen. Es sind aber auch die gleichen Wege, auf denen Technologie verbreitet und Waren verhandelt werden. ◆

Jutta Kneisel, Bente Majchczack, Franziska Engelbogen, Anna K. Loy, Oliver Nakoinz

„On the Road Again": Reisewege durch Jütland – Der Ochsenweg, eine jahrtausendealte Route

„On the road again". Jeden Sommer bewegt sich eine Karawane aus Autos und Wohnmobilen in den Norden nach Dänemark, Schweden und weiter nach Norwegen. Das Ziel für Tausende von Sommerurlaubern sind die Ferienwohnungen und Campingplätze Skandinaviens. Übernachtungszahlen aus dem Jahre 2019 belegen, dass die Westküste Dänemarks um Zentren wie Ribe und Ringköping, Skagen an der Nordspitze, und Djursland an der Ostküste bevorzugt werden. Zwei Hauptrouten, die die Urlauber benutzen, umfassen zum einen die Bundesautobahn A7 beziehungsweise die Europastraße E45, die auf dem Geestrücken von Schleswig-Holstein nach Hirtshals oder Frederikshavn zu den Fähren nach Schweden und Norwegen führt. Zum anderen sind es die Bundesstraßen an der Westküste, die Nr. 5 und 11, die die Urlauber nach Norden bringen. Diese gut ausgebauten Straßen ermöglichen heute ein schnelles Vorankommen innerhalb eines Tages. Doch folgen die modernen Routen jahrtausendalten Wegesystemen, die sich über die Jütische Halbinsel ziehen. Nicht immer waren diese Wege offen, und nicht immer war das Ziel der Norden.

Ochsenweg

Der Ochsenweg ist heute eine beliebte touristische Attraktion in Schleswig-Holstein. Auf Strecken, die noch heute den Namen Ochsenweg oder Heerweg führen, lässt er sich mit dem Fahrrad von Hamburg bis Nordjütland erkunden. Der Name Ochsenweg stammt aus dem 16. bis 18. Jahrhundert, als die Route für den Massentransport von Ochsen nach Westeuropa verwendet wurde. Die Ochsendrift war

← Der Ochsenweg in Schleswig-Holstein, hier bei Lürschau, bildete eine bis zu 80 m breite Trasse (Foto: L. Hermannsen, Archäologisches Landesamt Schleswig-Holstein).

» Der Ochsenweg ist dabei keineswegs als eine einzelne Route zu verstehen. Mehrere Trassen verliefen von Norden nach Süden und wiesen teils auch Querverbindungen auf. «

ein lohnendes Geschäft der Kaufleute. Sie erwarben die überzähligen Rinder in Nordjütland und trieben sie im Frühjahr zu den Märkten nach Itzehoe und Husum zum Verkauf. Dort erholten sich die Rinder auf den fetten Sommerweiden und wurden im Herbst weiterverkauft. Bis zu 24.000 Ochsen passierten in einem Jahr die Grenze nach Holstein. Entlang der Wege standen Rasthäuser mit großen Weideflächen, in denen die Treiber und das Vieh pausieren lassen konnten. Je nach Startpunkt dauerte die Reise 1-2 Wochen mit Tagesleistungen von etwa 30-40 km. Der Ochsenweg ist dabei keineswegs als eine einzelne Route zu verstehen. Mehrere Trassen verliefen von Norden nach Süden und wiesen teils auch Querverbindungen auf. Teile der Hauptroute Ochsenweg verlaufen parallel zu der heutigen Europastraße E45 und den Bundesstraßen entlang der Westküste. Moderne Wegstreckenberechnungen belegen, dass die Route des Ochsenwegs tatsächlich den kostengünstigsten und kürzesten Wegen folgt. Noch heute sind die breit ausgetretenen Wege an einigen Stellen in der Landschaft sichtbar.

Ältere Wegesysteme

Der Ochsenweg entstand nicht erst im Mittelalter, sondern orientiert sich an noch älteren, teils bereits vor 5500 Jahren bestehenden Wegesystemen. Sichtbar werden diese älteren Wegesysteme anhand von markanten Monumenten in der Landschaft, den Großsteinbauten der Steinzeit und den Grabhügeln der Bronzezeit. Besonders die bronzezeitlichen Grabhügel, von denen wir heute über 90.000 kennen, bilden ein dichtes Netz von Landmarken. Es ist sehr wahrscheinlich, dass diese Hügel entlang von älteren Wegen errichtet wurden. Ihre Lage auf Kuppen und an Moränenkanten macht sie zu idealen Wegmarken für die bronzezeitlichen Verbindungsrouten auf der Jütischen Halbinsel. Auch heute noch sind die Hügel über große Entfernung in der Landschaft sichtbar. Sie stehen für ein komplexes Wegesystem. Anders als der Ochsenweg, der auf den Austausch entlang einer Nord-Süd-Achse fokussiert ist, weisen die bronzezeitlichen Wege auch auf lokale Kommunikationsnetzwerke hin. Diese binden das Hinterland in das übergeordnete Wegenetz ein. Im dänischen Amt Ringköping verlaufen die Wege kreisförmig, bevor sie wieder auf die Hauptroute treffen. Hügelketten entlang des Limfjords belegen Ost-West-Verbindungen zwischen Ost- und Nordsee. Die Hauptorientierung der Wegerouten verläuft allerdings Nord-Süd und in weiten Teilen überlappend mit dem Ochsenweg.

In der Bronzezeit, ab etwa 1700 v.u.Z., ist der Norden in ein gesamteuropäisches Austauschnetzwerk eingebunden. Rohstoffe wie Kupfer und Zinn, aus denen die Bronze entsteht, stammen aus dem Karpatenbecken oder dem alpinen Raum (vgl. Beitrag von J. Hilpert und J. Kneisel in diesem Band).

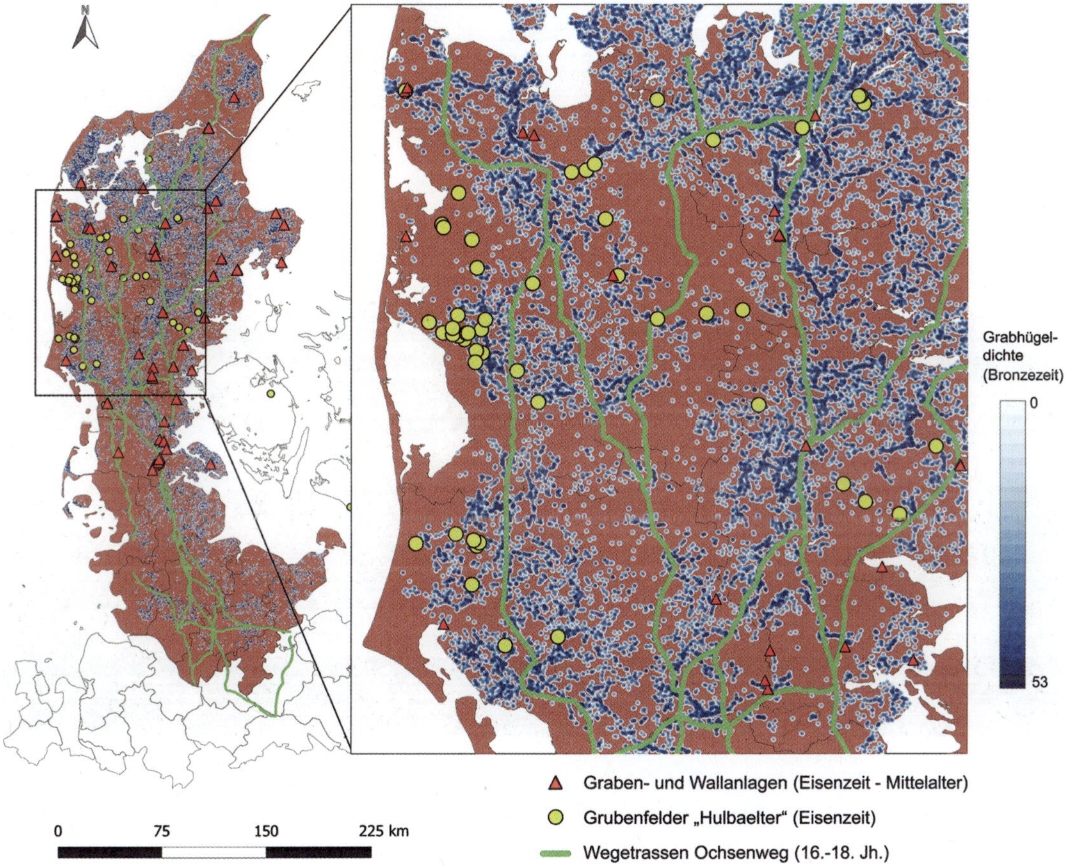

↑ Die Verteilung bronzezeitlicher Grabhügel, eisenzeitlicher Grubenfelder und eisenzeitlicher bis mittelalterlicher Wall- und Grabenanlagen, sowie der Verlauf des Ochsenweges auf der Jütischen Halbinsel (Karte: J. Kneisel und B. Majchczack).

Diese wichtige Nord-Süd-Verbindung und ihre Abzweigungen nach Osten und Westen führten zu bedeutenden lokalen Zentren. Sie bedingten oder förderten die Entwicklung des Wegenetzes, und an ihren Endpunkten konnte sich Reichtum akkumulieren. Gleichzeitig waren sie zu bestimmten Zeiten Ausgangspunkte kultureller Entwicklung, die sich von dort aus über den ganzen Ostseeraum verbreitete. Aus der Errichtungszeit der Grabhügel (1700-1100 v.u.Z.) sind besonders reiche Bronzebeigaben überliefert. Schmuckscheiben, Fibeln, Schwerter und Dolche weisen auf reiche Gesellschaftsschichten hin, die Zugang zu den Ressourcen des Südens

hatten und sich mit Prunkbeigaben und Statussymbolen der neuen Zeitepoche bestatten ließen. Die Bronze gelangte über die Hauptroute entlang der heutigen Europastraße E45 in den Norden und verteilte sich in Mittel- und Nordjütland über die kleineren Wegenetze.

Grenzen und Sperrungen

Doch nicht immer waren die Wegenetze offen und zugänglich. Ab der Eisenzeit (ca. 500 v.u.Z.) beobachten wir die Entstehung von Befestigungsgräben und Landsperren. Die Landsperren bestehen aus kleinen dichten Grubenfeldern und sind vor allem an der Westküste nördlich von Esbjerg und bei Ringköping belegt. Sie liegen häufig quer zu den Grabhügelreihen und blockieren den Zugang der kreisförmigen Routen im Amt Ribe und Ringköping zur Nordsee. Wall- und Grabenanlagen wie der Olgerdiget aus dem 1. Jh. v.u.Z. liegen an der Ostküste der Jütischen Halbinsel und werden als Grenzbefestigungen zwischen den Jüten und Angeln angesehen. Das Danewerk, ein Wallsystem, das im Mittelalter seine Blütezeit erlebte, grenzt die Jütischen Halbinsel an ihrer engsten Stelle vom Süden ab. Doch nicht jede Engstelle bildete eine Grenze: Gerade an engen Kreuzungen oder Querstraßen zwischen Wasser und Landstraßen wurden die wichtigsten Handelsplätze und Städte gegründet, wie etwa Haithabu/Schleswig und Ribe oder Aalborg.

Und sie reisten weit...

Die beschriebenen Wegesysteme, von der Steinzeit bis hin zu den heutigen Autobahnen, folgen den naturräumlichen Begebenheiten der Landschaft. Die Hauptrouten verliefen entlang der Geestrücken, die mit ihren sandigen Flächen schnellen Abfluss

← Ydby Hede, Nordjütland: Bronzezeitliche Landschaft mit Grabhügeln und modernem Weg (Foto: J. Kneisel).

» Auch heute können wir noch beobachten, welch große Auswirkungen Sperrungen dieser Hauptwege zur Folge haben können, und wie wichtig dementsprechend ein funktionierendes Wegenetz für den Kontakt und Transport zwischen den Regionen ist. «

von Regenwasser ermöglichten und im Gegensatz zu den feuchten Marschen einfacher zu durchqueren waren. Sie folgten Furten und bildeten die kürzeste begehbare Verbindung zwischen der Jütischen Halbinsel und dem Süden. Eine der bekanntesten Routen führt bereits seit der jüngeren Steinzeit von der Gegend um Rendsburg über Schleswig und Flensburg bis nach Aalborg am Limfjord. Weitere Routen verliefen zu den nordfriesischen Inseln oder der Thy Region in Nordwestjütland. Grabhügelreihen und Großsteingräber markieren seit 5000 Jahren den Verlauf dieser Routen.

Die Interessen und die Richtung des Handels wechselten allerdings über die Jahrhunderte: Bronze aus dem Süden, Rinder aus dem Norden bis hin zu Feriengästen aus dem Süden. Gleichzeitig waren diese Wegenetze auch immer wieder anfällig für Unterbrechungen und Sperrungen, wie wir sie beispielsweise aus der Eisenzeit und dem Mittelalter kennen. Bestehende Wegenetze wurden durch Befestigungsanlagen kontrolliert, gesperrt und regionale Grenzen zwischen Bevölkerungsgruppen gezogen. Damit sind diese Wegesysteme ein Spiegel der jütischen Geschichte über viele Jahrtausende hinweg.

Auch heute können wir noch beobachten, welch große Auswirkungen Sperrungen dieser Hauptwege zur Folge haben können, und wie wichtig dementsprechend ein funktionierendes Wegenetz für den Kontakt und Transport zwischen den Regionen ist. Die jütischen Wegesysteme sind Teil eines Europäischen Wegenetzes und damit Ausdruck der europäischen Vernetzung. Sie belegen Austauschprozesse seit der Steinzeit und sind als Infrastruktur zugleich ein Mittel dieses Austauschs. ◆

1 : 300 000
STRASSBURG
Molsheim
Mutzig
Enzheim
Graffenstaden
Bläsheim
Lipsheim
Hipsheim
Oberehnheim
Erstein
Benfeld
Ottenheim
Gerstheim
Rheinau
Kappel
Schlettstadt
Wittisheim
Markolsheim
Riegel
KAISER STUHL
COLMAR
Breisach
Gottenheim
Neu Breisach
ettstadt

Franziska Engelbogen

Wandeln auf alten Pfaden – Nutzen wir noch immer keltische Wege?

Ist man heute auf einer Autobahn oder Landstraße unterwegs, liegen Gedanken an die Vorzeit nicht gerade nahe. Im Südwesten Deutschlands oder in Südeuropa denkt man vielleicht noch am ehesten an römische Straßen, die sich schnurgerade durch die Landschaften zogen und den „unzivilisierten" Norden für die römischen Invasoren zugänglich machten. Doch dass viele unserer heutigen Wegstrecken tatsächlich auf deutlich älteren Wegen beruhen, ist weniger bekannt. Wie weit gehen unsere Wege in die Vergangenheit zurück? Wandeln wir noch heute auf keltischen, oder sogar noch älteren Pfaden?

Wie finden Archäologen Wege?

Mit der Befestigung eines Weges durch Schotter oder Pflastersteine ist die Wahrscheinlichkeit, dass dieser auch nach zweitausend Jahren noch erhalten bleibt, deutlich höher. Es verwundert daher nicht, dass römische gepflasterte Straßen viel bekannter sind als ihre noch älteren Vorgänger. Doch auch ohne massive bauliche Maßnahmen können sich Wege erhalten. So sind beispielsweise Hohlwege aus dem Mittelalter in ganz Europa bekannt. Ein Hohlweg ist ein Trampelpfad oder Fahrweg, der sich durch die intensive Nutzung im Laufe der Zeit immer weiter in den Untergrund eingetieft hat. Durch fehlende Vegetation, ein leichtes Gefälle und weichen Boden ist so im Laufe der Jahre und Jahrhunderte durch jeden Fußgänger, Ochsen- oder Pferdekarren Erde verloren gegangen. Ein anderes Beispiel sind Bohlenwege, die teilweise seit der Jungsteinzeit vor allem in moorigem Gelände nachgewiesen werden können (vgl. Beitrag von J. P. Brozio in diesem Band).

← Römische Straßen zwischen dem Kaiserstuhl und Strasbourg (nach K. S. Gutmann 1912, 16-25).

Hier kommen zwei günstige Faktoren zusammen: Zum einen macht der feuchte, moorige und durchaus gefährliche Untergrund eine Befestigung durch Bohlen und andere hölzerne Elemente notwendig; zum anderen kann das Holz bis heute im feuchten Boden konserviert bleiben. Diese Bedingungen treffen allerdings nur auf einige besondere Stellen in wenigen Gebieten Europas zu. Um alte Wege in anderen Regionen und Zeiten erkennen zu können, greifen Archäologinnen und Archäologen auf andere Hinweise zurück.

Von alten Steinen und Grabhügeln zu Wegen

Am Anfang steht die Überlegung, wie man sich in vorgeschichtlichen Zeiten – ohne Landkarte, Straßenschilder oder Navigationssysteme – in der Landschaft orientiert hat. Auffällige Bäume, Felsen oder Flussbiegungen sind hier sicherlich genutzt worden, aber diese sind nicht immer sehr beständig. Die jüngsten Unwetterkatastrophen beispielsweise im Ahrtal zeigen drastisch, wie sich eine Landschaft

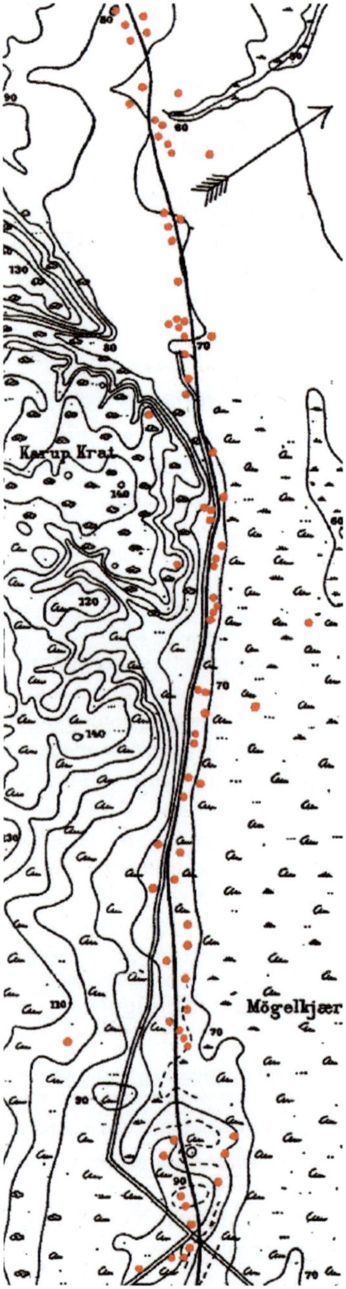

← Grabhügel in Jütland als Wegweiser für den Ochsenweg (nach S. Müller 1904).

nach nur einem Regenereignis verändern kann. Wie können also Verbindungen erhalten bleiben, die über Jahrhunderte oder gar Jahrtausende Bestand hatten?

Seit der Bronzezeit werden nahezu in ganz Europa Grabhügel errichtet, die bis heute in großer Anzahl in der Landschaft sichtbar sind. Es sind Bestattungsplätze, die bis in die Eisenzeit hinein errichtet und genutzt wurden. Über einem zentralen Grab wurde ein Erdhügel aufgeschüttet, in welchen später teilweise noch weitere Menschen bestattet wurden oder auf den noch weitere Erdschichten aufgetragen

» Am Anfang steht die Überlegung, wie man sich in vorgeschichtlichen Zeiten – ohne Landkarte, Straßenschilder oder Navigationssysteme – in der Landschaft orientiert hat. «

wurden. Solche Grabmonumente können daher sehr unterschiedlich groß sein. Beispielsweise ist der Magdalenenberg (Baden-Württemberg) mit etwa 100 m Durchmessern einer der größten Grabhügel der frühen Eisenzeit. Ihre meist exponierte Lage auf Hügelrücken, ihre teilweise immense Größe, ihre Lage in Sichtweite zu Flüssen und auch ihre Erwähnung in Sagen, wie z.B. der Sage von Beowulf, legen nahe, dass diese Monumente auffallen sollten, gesehen werden sollten, und somit auch als Orientierung dienten.

Bereits früh in der Erforschung von Routen hat der dänische Altertumsforscher Sophus Müller den Zusammenhang von Wegen und Grabhügeln am Beispiel des Ochsenweges festgestellt (siehe Beitrag #8 Kneisel et al). Auf der Karte kann man deutlich erkennen, dass sich die Grabhügel entlang einer Linie aufreihen. Der Ochsenweg folgt dieser so markierten Linie. Es genügt, den Grabhügel sehen zu können, man musste nicht unbedingt darauf steigen, um dem Weg zu folgen. Für eine bessere Rundumsicht bietet sich ein Umweg auf die Hügelkuppe jedoch an.

Durch die moderne Landwirtschaft sind inzwischen zahlreiche Grabhügel verloren gegangen; in bewaldeten Gebieten sind sie dagegen noch immer gut sichtbar. Die Tradition der Grabhügel setzte in der Bronzezeit ein und endete mit der Eisenzeit. Genau in dieser Zeit werden also die meisten der heute noch sichtbaren Grabhügel be-

» Wir nutzten noch immer dieselben Routen, wir überqueren an den gleichen Stellen die Flüsse – auch wenn es heute viel schneller und bequemer geht. «

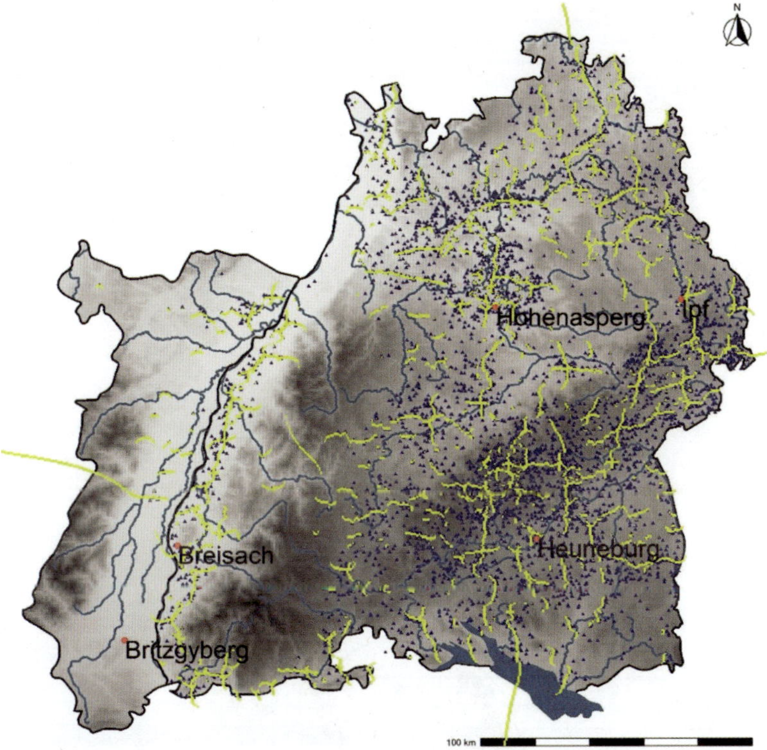

← Eisenzeitliches Wegenetz und bekannte Grabhügel in Baden-Württemberg (nach F. Faupel 2021).

standen haben. Für die Forschung sind diese Hügel also eine wunderbare Quelle, um alte Wege der Vorgeschichte wieder zu finden.

Wandeln wir noch immer auf keltischen Wegen?

Um alte Wege zu rekonstruieren, nutzen Wissenschaftlerinnen und Wissenschaftler des Exzellenzclusters ROOTS neben klassischen Ausgrabungen auch modernste computergestützte Methoden. Basierend auf der Kartierung aller bekannten Grabhügel berechnet ein Algorithmus beispielsweise die ideale Strecke entlang der Hügel, umgeht Umwege über die Hügel und rekonstruiert so die eisenzeitlichen Wege. Hierbei führt der Algorithmus die Wege durch dichte Ballungen von Grabhügeln und nicht über die Grabhügel selbst. In einem zweiten Schritt werden Kreuzungen und Kurven reduziert, um einen realistischen Weg zu erhalten, ohne dabei den Grabhügel aus der Sichtweite zu verlieren. Das Ergebnis ist eine Kartierung alter Wege, die verglichen mit römischen Straßen und bronzezeitlichen Übergängen über den Rhein erstaunliche Deckungsgleichheit besitzen. Auch heute folgen zahlreiche Land- und Kreisstraßen diesen Wegen, und zwar nicht nur in Baden-Württemberg oder entlang des Ochsenweges. Ein Blick aus dem Fenster während der Fahrt kann sich daher durchaus lohnen!

Seit der Erfindung des Autos und vor allem nach 1950 hat sich unsere Lebenswirklichkeit drastisch verändert. Eine Reise von Stuttgart nach Hamburg ist zu einem Wochenendtrip geworden. Autobahnen, Tankstellen und Raststätten machen die Reisen bequem und schnell. Auch wenn sich Lifestyle und Reisegewohnheiten seit der Eisenzeit stark gewandelt haben, ist dennoch auch manches gleichgeblieben: Wir nutzten noch immer dieselben Routen, wir überqueren an den gleichen Stellen die Flüsse – auch wenn es heute viel schneller und bequemer geht. ◆

Jens Schneeweiß und Henny Piezonka

Gekappte Verbindungen – Drei Wikinger auf Abwegen

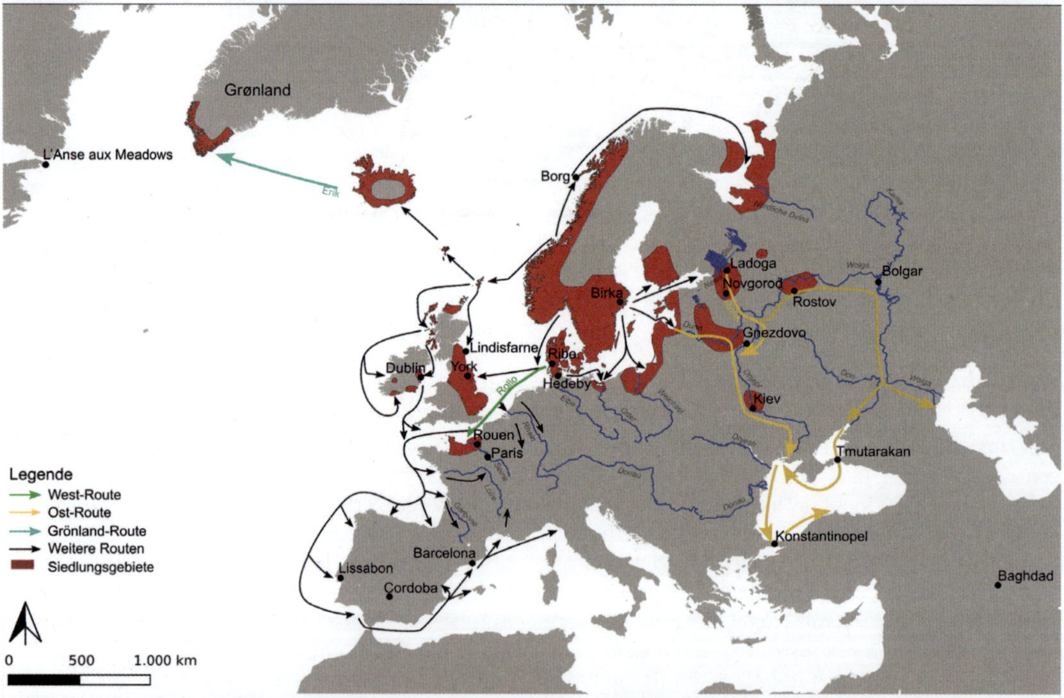

← Routen und Siedlungsgebiete der Wikinger, hervorgehoben sind die hier näher betrachteten West-, Ost- und Nordrouten (Karte: S. Juncker, CAU Kiel).

Wer kennt sie nicht, die Wikinger? Als Händler, Räuber und Entdecker sind die geschickten Seefahrer berühmt für ihre weitreichenden Netzwerke. Ihre vielbefahrenen Routen führten sie durch ganz Europa und weit darüber hinaus. Sie haben diplomatische Beziehungen und Handelsverbindungen zu den großen Reichen des Frühmittelalters gepflegt, sie haben in kleinen, schnellen und mobilen Gruppen die Reichtümer des christlichen Abendlandes geplündert, und sie brachen in Teile der Welt auf, die noch nicht „entdeckt" waren. Nach Hause zurückgekehrt sind sie oft reich beladen mit arabischem Silber, byzantinischem Gold, karolingischen Preziosen, oder einfach nur mit wilden Geschichten. Manche ließen sich in den neu erschlossenen Regionen nieder. Um die Verbindung zum skandinavischen Mutterland zu sichern, gründeten sie Stützpunkte auf den viele Tagesreisen langen Wegen, die sich dadurch zu festen Routen etablierten.

Doch wo sind sie geblieben? Was ist aus jenen geworden, die fernab der Heimat ein neues Leben begonnen hatten? Und was geschah, wenn die Verbindung abriss? Die Geschichten von Rollo, Rurik und Erik, drei Wikingeranführern aus unterschiedlichen Zeiten und Regionen, sollen illustrieren, wie schwierig es ist, diese Fragen zu beantworten und wie unterschiedlich und zugleich komplex sich die Entwicklungen gestalten können.

Rollo und die Normannen im Westen

Ab dem späten 8. Jahrhundert fuhren Wikinger verstärkt auf Raubzüge über die Nordsee zu den Britischen Inseln, nach Irland und ins Frankenreich. Im späteren 9. Jahrhundert ließ die Intensität der Raubüberfälle in diesen Regionen nach. Nun blühten in Skandinavien und dem Ostseeraum die Verbindungen nach Südosten zu den Arabern auf, während im Westen bald nur noch einige normannische Restverbände unterwegs waren. Mit der fränkischen Kultur waren sie schon länger bekannt, und als nun der Rückbezug nach Skandinavien an Bedeutung verlor, siedelten sie sich verstärkt im Norden Frankreichs und auf den Britischen Inseln an. Einer von ihnen war Rollo, der sich mit seinen Kriegern am Ende des 9. Jahrhunderts im Gebiet der unteren Seine festsetzte. Obwohl sie wahrscheinlich mehr Pira-

» Doch wo sind sie geblieben? Was ist aus jenen geworden, die fernab der Heimat ein neues Leben begonnen hatten? Und was geschah, wenn die Verbindung abriss? «

(a)

(b)

(c)

← Materielle Zeugnisse der West-, Ost- und Nordroute:
(a) Ausschnitt aus dem Teppich von Bayeux mit normannischem Schiff (Quelle: Normannisches Schiff, Detail des Teppich von Bayeux; ©: public domain, https://upload.wikimedia.org/wikipedia/commons/f/fe/Flotte_normande.jpg).
(b) 786 in Bagdad geprägter Dirham des berühmten Abbasidenkalifen Hārūn ar-Raschīd (Quelle: Dirham Hārūn ar-Raschīd;
© CC BY-SA 3.0, author: Yevlem, eigene Arbeit, https://commons.wikimedia.org/w/index.php?curid=12146489).
(c) Schachfigur aus dem berühmten Lewis Chessmen Hoard aus Walrosszahn (Quelle: Walrosszahnfigur: ©: CC-BY-SA 4.0, https://en.wikipedia.org/wiki/Game_pieces_of_the_Lewis_chessmen_hoard).

ten als Händler waren, gehörte Rollo sicherlich der normannischen Eliteschicht an. Im Jahr 911 schloss er einen Friedensvertrag mit dem Karolinger-König Karl dem Einfältigen. Er und seine Mitstreiter nahmen den christlichen Glauben an und verpflichteten sich, die Seine-Mündung gegen andere normannische Räuber zu verteidigen. Die enge Bindung an das Mutterland Dänemark riss nun ab, und die Rolloniden integrierten sich schnell in das christliche Feudalsystem. Richard I., ein Enkel Rollos, erweiterte seinen Herrschaftsbereich nach Westen auf die Normandie. Die integrative Funktion des Christentums bzw. der Kirche, mit der die Teilhabe an der Macht aufs engste verbunden war, hatte der Karriere der Rolloniden besonderen Vorschub geleistet. Ihr wohl berühmtester Vertreter war Wilhelm der Eroberer, ein Urenkel Richards I., und auch das Haus Windsor geht auf die Rolloniden zurück.

Rurik und die Waräger im Osten

Zur gleichen Zeit, als die Orientierung der Wikinger nach Westen nachließ, wurden die Verbindungen über Osteuropa nach Mittelasien und Byzanz intensiviert. Die Erschließung des Weges nach Süden entlang des Dnepr und der Wolga hatte schon im 8. Jahrhundert begonnen. Der intensive Ausbau erfolgte aber erst im Zuge des Aufstiegs der persischstämmigen Samaniden-Dynastie in Mittelasien im späten 9. und im 10. Jahrhundert. Die Vormachtstellung der Waräger, wie man die Wikinger-Gruppen in Osteuropa auch nennt, wird mit einer Berufungslegende begründet, von der die Schriftquellen berichten: Die slawischen und finno-ugrischen Stämme lagen im Streit miteinander und luden 862 den Waräger Rurik von jenseits des Meeres (Skandinavien) ein, um über sie zu herrschen. Wahrscheinlich diente diese Legende als eine nachträgliche Legitimation der Eroberung. Die Waräger ließen sich nieder und gründeten Stützpunkte, die als Warenumschlagplätze und zur Kontrolle des Handels auf dem langen Weg durch die osteuropäischen Wälder dienten. Auf diesem Weg strömten nun enorm große Mengen arabischen Silbers ins skandinavische Mutterland. Eine Assimilation lässt sich in dieser Phase noch nicht feststellen, denn die im Osten angesiedelten Waräger behielten ihre Sitten, Tracht und Sprache bei.

Das änderte sich erst in der zweiten Hälfte des 10. Jahrhunderts. Mit dem Zusammenbruch der Samaniden-Dynastie versiegte die Quelle des Silbers und damit eine wesentliche Grundlage der wikingischen Wirtschaft. Während die Ostroute also vollkommen an Bedeutung verlor und die Verbindung zum Mutterland immer stärker nachließ, blieben die ansässigen Waräger als Angehörige der Führungsschicht vor Ort. Der südliche Einfluss wuchs und führte letztlich zur Christianisierung und Staatsbildung: 988 machte der Rurikide Vladimir das orthodoxe Christentum zur Staatsreligion der Kiewer Rus' und besiegelte damit die Verbindung nach Byzanz. Die Annahme des neuen Glaubens führte damit zur stärkeren Herausbildung einer eigenen Identität, die die Rus' nun von den umgebenden heidnischen, judaistischen, muslimischen und römisch-katholischen Nachbarn unterschied. Aus dem 11. Jahrhundert liegen keine skandinavischen Bodenfunde mehr vor, wie z.B. Fibelschmuck im Ringerike- oder Urnesstil, die Assimilierung war nun vollzogen. Rurik gilt als Begründer der ersten russischen Herrscherdynastie, die bis ins 16. Jahrhundert die Moskauer Zaren stellte.

Erik und die Grönländer im Norden

Durch das Versiegen der arabischen Silberquellen kam es zu einer erneuten Umorientierung im Ostseeraum nach Westen. Das zeigt sich eindrucksvoll an den nun vermehrt in Skandinavien auftretenden westlichen Münzen, die seit dem späten 10. Jahrhundert die arabischen Dirhem ablösen, aber auch an neuen wikingischen Aktivitäten in England und Fahrten nach Island und darüber hinaus. Erik der Rote, ein Raubein, das schon so manchen auf dem Gewissen hatte, fuhr 984 von Island weiter nach Westen. Die dort neu entdeckte Insel nannte er beschönigend „Grünes Land". Der Name war Programm, versprach er doch blühende Landschaften, um weitere Siedler anzulocken. So entstanden zwei Ansiedlungen an Grönlands Westküste, die zusammen etwa 3000 Menschen beherbergten. Die Siedler machten Jagd auf Walrosse, deren Elfenbein als Luxusgut nach Europa gebracht wurde, und praktizierten eine schlichte Landwirtschaft, mit der sie sich autark ernährten.

Seit dem frühen 14. Jahrhundert wurde es am Vorabend der „kleinen Eiszeit" langsam kälter, und Eisgang blockierte immer häufiger die Schiffswege zwischen Grönland und Norwegen. Die Verbindung nach Norwegen löste sich immer weiter und die grönländischen Nordmänner verloren allmählich den Bezug nach Europa. Das Leben auf Grönland wurde zur Herausforderung. Doch die altnordische Gemeinschaft auf Grönland war sehr hierarchisch organisiert; Religion und Kirche galten als Grundpfeiler der Gesellschaft. Seit der Zeit um 1200 waren Inuit eingewandert, mit denen sich die Nordmänner nun die Westküste teilten. Die viel besser angepasste Lebensweise der Inuit übernahmen die europäisch-stämmigen Siedler allerdings nicht. Um 1350 musste die Ostsiedlung aufgegeben werden, in der sich nun Inuit niederließen. Die letzte Nachricht aus Grönland stammt von 1408, kurz danach wurde der Schiffsverkehr zwischen Norwegen und Grönland gänzlich eingestellt. Wir wissen nicht, wie lange die Siedler auf Grönland noch Bestand hatten. Ihr Verschwinden ist hinsichtlich seiner genauen Ursachen und seines Verlaufs noch ungeklärt. Die autarke europäische Lebensweise hat auf Grönland der Klimaveränderung nicht standhalten können, und für eine Anpassung an die Überlebenstechniken der Inuit waren die kulturellen Grenzen offenbar zu hoch.

Was geschah, als die Verbindung abriss?

In allen drei Beispielen war es insbesondere das Abbrechen der Verbindung zum Mutterland, das die Wikingergruppen in der Ferne zu wegweisenden Entscheidungen für ihr weiteres Schicksal zwang. Äußere Faktoren wie Klimaveränderungen oder der veränderte Zugang zu Rohstoffen und Handelsgut beeinflussten die Aufrechterhaltung oder das Ende bestehender Routen und Netzwerke. Gerade diese – die weitreichenden Netzwerke und Handelsrouten – waren es, die den Ruhm und Erfolg der Nordmänner in der Wikingerzeit bestimmten. Für ihre Funktionalität spielte offensichtlich die Verbindung „nach Hause" eine grundlegende Rolle, an die auch die Identität und das entsprechende politische Agieren gebunden waren. Im Falle des Verlustes der Verbindung, des Abgeschnittenseins einer Gruppe inmitten einer andersartigen Umgebung, sehen wir zwei gegensätzliche Möglichkeiten der weiteren Entwicklung. Einerseits führt das Festhalten an einer nur gedachten, vermeintlichen Verbindung zur alten (und zunehmend verklärten) Heimat zu einem kulturellen Konservativismus. Ein extremes Beispiel

» Äußere Faktoren wie Klimaveränderungen oder der veränderte Zugang zu Rohstoffen und Handelsgut beeinflussten die Aufrechterhaltung oder das Ende bestehender Routen und Netzwerke. «

dafür sind die nordischen Siedler in Grönland. Ihr Beharren auf dem tradierten Eigenen verhinderte möglicherweise, dass sie den überlebensnotwendigen Schritt einer Anpassung ihrer Lebens- und Wirtschaftsweise an die sich verändernden klimatischen Verhältnisse gehen konnten, obwohl sie das Beispiel der Inuit vor Augen hatten. Andererseits geht die schnelle Assimilation in einem anderen Lebensumfeld, wie wir sie nach dem Abreißen der Verbindung sowohl bei Rolloniden als auch bei den Rurikiden beobachten können, mit der Schaffung einer völlig neuen kulturellen Identität einher. In beiden Fällen waren die Akteure schon zuvor mit den „anderen" Gepflogenheiten gut vertraut, und das Christentum bildete das wichtigste identitätsstiftende Element. Die Verbindungen zum Mutterland, die wikingischen Wurzeln, wurden zur Legende, die vor allem als Herrschaftslegitimation eine Rolle spielte und der neuen Identität zu einem besonders kraftvollen Wirkungspotenzial verhalf.

Was bleibt? Spuren früherer Verbindungen in Archäologie und Sprache

Archäologinnen und Archäologen sind Spurenleser. Sie rekonstruieren alte Routen und Verbindungen anhand von Objekten, die in einer Gegend fremd erscheinen, aber in einer anderen gut bekannt sind (vgl. Beitrag von J. Schneeweiß in diesem Band). Aber wie lassen sich Zeitpunkt und Gründe gekappter Verbindungen erkennen? Im Falle des kulturellen Konservativismus wird an alten Formen und Techniken festgehalten, die archäologisch-typologische Methode greift nicht mehr, weil keine neuen Impulse ankommen. Wir „sehen" nicht, dass die Objekte mitunter Jahrhunderte in Gebrauch sind. Eine Assimilation dagegen führt schnell dazu, dass die eigentlich Fremden das ringsumher Übliche übernehmen; sie werden auf diese Weise archäologisch „unsichtbar". In Bezug auf die Rolle der Wikinger ist in der Normandie die Diskrepanz zwischen der schriftlichen Überlieferung und den fast nicht vorhandenen archäologischen Quellen besonders groß. Der Zeitpunkt des Abreißens von Routen lässt sich somit noch halbwegs bestimmen, aber um über die Gründe und das weitere Geschehen Auskunft zu erlangen, sind wir auf andere Quellengattungen angewiesen. Was Jahrhunderte und bis in die Gegenwart Bestand haben kann, sind sprachliche Spuren. Bis heute heißt die Normandie nach den Nordmännern. Weniger bekannt ist, dass auch Russland und Belarus die Nordmänner im Namen tragen, denn die Finnen nannten die Skandinavier Rus'. Auch der Name Grönlands hat – bis auf weiteres – nichts mit der heutigen Wirklichkeit zu tun und kündet von alten, längst verschwundenen Wikingerrouten. ◆

Kapitel 4:

Wege von Dingen und Technologien

Johannes Müller

Rind und Wagen – der erste „Wilde Westen" in Europa? Die Innovation „Rad" zwischen Ostsee und Schwarzem Meer 3500-2500 v.u.Z.

Der europäische Kontinent wird zu unterschiedlichen Zeiten immer wieder durch besondere Verbindungen geprägt, die sich durch technische oder soziale Innovationen entwickeln. Eine davon, die für die Menschheitsgeschichte von großer Bedeutung ist, betrifft den Einsatz von Zugtieren und die Erfindung von Rad und Wagen. Vor 5400 Jahren werden Rad und Wagen in Europa erfunden. Abgesehen von tiergezogenen Schlitten in den weiten Steppen nördlich des Schwarzen Meeres sind es die Spuren von Rädern im Megalithgrab von Flintbek bei Kiel oder die Abbildungen eines von Rindern gezogenen Wagens in Bronocice bei Krakau, die diesen Innovationskomplex archäologisch belegen. Hinzu treten Holzräder in den Seen der Voralpenregion ab ca. 3300 v.u.Z., die einen Nachweis bilden.

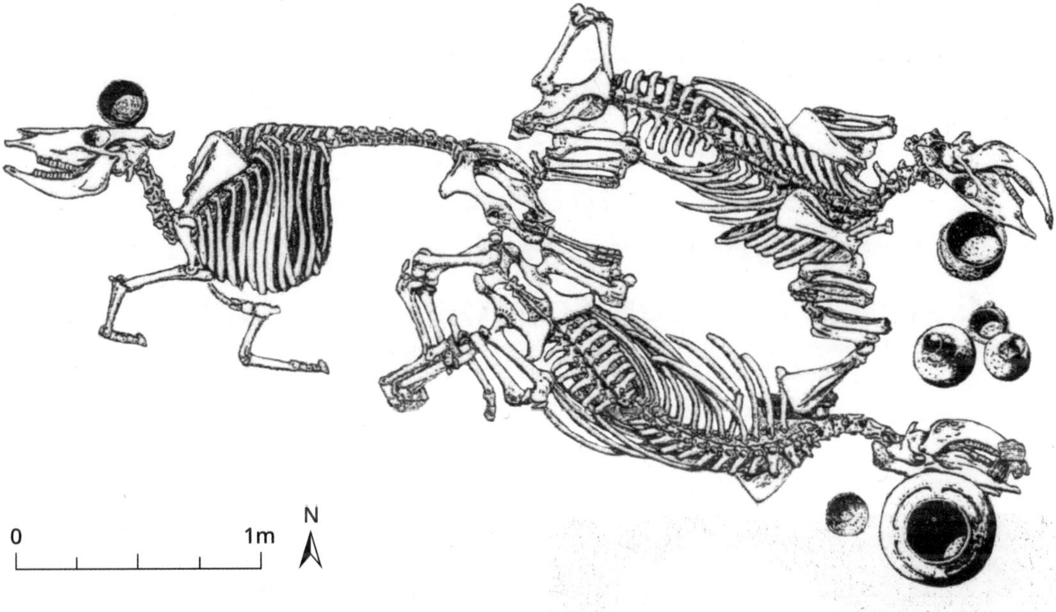

↑ **Drei um 2900 v.u.Z. bei Zauschwitz in der Nähe von Leipzig (Sachsen) bestattete Rinder: Sowohl die antipodische Doppelbestattung im östlichen Teil der Grabgrube als auch die Rinder im Westen sind mit Grabbeigaben für das Jenseits ausgestattet (nach Bergemann 2018, 314 , Abb. 179 links).**

Rinder und Wagen werden im Laufe der Jungsteinzeit zum Erfolgsmodell. Von Nordjütland bis nach Mesopotamien kommen sie zum Einsatz, zunächst rituell bei religiösen Handlungen, später dann auch zu Transportzwecken wirtschaftlicher Art. Vermehrt stellen wir auch das Anlegen von Bohlenwegen fest, die über Furten oder in Feuchtgebieten trockenere Landstriche miteinander verbinden.

Ausgesprochene Bedeutung erlangt die Verfügungsgewalt über die neue Technologie offensichtlich ab ca. 3200 v.u.Z. zwischen Schwarzem Meer und Nordsee durch die sogenannten „Kugelamphoren-Gesellschaften“. Diese Gemeinschaften sind gekennzeichnet von kalebassenartigen Keramikgefäßen, den sogenannten Kugelamphoren. Sie siedeln vor allem auf Terrassen am Rande von Flussauen und beginnen, Rind und Wagen in ihre rituellen Praktiken zu integrieren. Während in den letzten Jahrhunderten des vierten vorchristlichen Jahrtausends noch unterschiedliche Gruppen Tierdeponierungen vornehmen, „monopolisieren“ spätestens ab 2950 v.u.Z. die Kugelamphoren-Gesellschaften die Bestattung von Rindern und Wagen für sich. Zwischen der Westukraine und Nordwestjütland finden wir nun Doppelbestattungen von Rindern. Diese liegen sich in Grubengräbern oft in mit den Hufen „antipodisch“ gegenüber. Teilweise hat sich in den Gruben den Spuren nach zu urteilen auch ein Wagen befunden. Die Bestattung der Wagengespanne ist umso auffälliger, als hier die Tiere, ähnlich wie Menschen in gleichzeitigen anderen Bestattungen, mit Speise- und Getränkebeigaben für das Leben nach ihrem Tod ausgestattet werden.

» Großräumige Netzwerke entstehen, die als ‚Schnurkeramik' oder ‚Glockenbecher' bezeichnet, jetzt große Gebiete in Interaktionsgemeinschaften zusammenschließen. «

↑ Eingeritzte Darstellungen von Rindergespannen mit Wagen aus dem Galeriegrab von Züschen bei Kassel (Hessen) (ca. 3000 v.u.Z.) (T. Pape, nach Foto von S. Burmeister 2004).

Eine rituelle Praxis wird folglich zur sozialen Praxis. Sie ist nicht nur Ausdruck der Wertschätzung gegenüber den betroffenen Tieren, sondern verdeutlicht und untermauert die weitreichenden Netzwerkbeziehungen, die sich zwischen der Landschaft Podolien im Osten und Holstein im Westen ergeben hatten. Offensichtlich haben wir in diesen Zeiten den Beginn großräumiger „Kulturerscheinungen" vorliegen – ein Abbild der Möglichkeiten, die die Erfindung „Rad und Wagen" auch für Viehhalter bedeutet.

Entsprechendes setzt sich im gesamten dritten Jahrtausend v.u.Z. fort. Großräumige Netzwerke entstehen, die, als „Schnurkeramik" oder „Glockenbecher" bezeichnet, jetzt große Gebiete in Interaktionsgemeinschaften zusammenschließen. Auch hier wurden weiter Bohlenwege angelegt, wenn die klimatischen Veränderungen das Überbrücken von Furten mit anderen Mitteln erforderten. Eine spannende Zeit der Konnektivität! Allerdings: Statt einer Kolonisationsbewegung wie im „Wilden Westen", werden hier alte Praktiken durch neue ersetzt – Rind und Wagen haben also eine ganz andere Bedeutung. ◆

Jan Piet Brozio

Wege übers Moor

Wege aus Bohlen oder liegenden Rundhölzern gehören zu den ältesten uns noch bekannten Wegen. In der nordeuropäischen Tiefebene wurden sie häufig gebaut, um schwer passierbares Gelände wie Moore zu überqueren, ohne kilometerweite Umwege gehen oder fahren zu müssen. Ein internationales Grabungsteam hat 2021 ein drei Meter langes Stück eines solchen jungsteinzeitlichen Weges in Niedersachsen freigelegt. Bereits während der Untersuchungen zeigte sich, dass der Weg aus Erlen- und Birkenstämmen gebaut worden war, die man dicht nebeneinander auf längs liegende Birkenäste gelegt hatte. Durch die feuchte Umgebung haben sich viele der Hölzer ausgezeichnet erhalten, sodass sogar die Arbeitsspuren der Steinäxte noch sichtbar waren. Die Datierung des Weges auf 2450 v.u.Z. fällt dabei in einen Zeitraum, der mit einer erhöhten Mobilität der Menschen in Europa verbunden ist, wobei auch Reaktionen auf klimatische Veränderungen zu beobachten sind. Dass der Weg auch mit Rad und Wagen befahren wurde, belegen zwei Wagenachsen, die an einer anderen Stelle neben dem Weg im Moor entsorgt wurden. ■

← Neolithischer Bohlenweg Pr 7 am Dümmer, Niedersachsen, während der Ausgrabungen im Jahr 2021 (Foto: J. P. Brozio).

Benjamin Serbe und Khurram Saleem

Der Weg zum Reichtum – Bernsteinstraßen im bronzezeitlichen Europa

"One Belt, One Road" – dieses aus der Volksrepublik China stammende Konzept steht seit geraumer Zeit im Fokus der internationalen Politik. Das auch als „Neue Seidenstraße" bekannte Projekt beschreibt den Ausbau einer spezifischen Handelsinfrastruktur zwischen dem chinesischen Festland und den drei Kontinenten Afrika, Asien und Europa. Der Name bezieht sich auf die historische „Seidenstraße", die berühmte Handelsverbindung zwischen Europa und China, die auf den Seidenhandel zwischen dem 1. und 13. Jahrhundert n.u.Z. zurückgeht (vgl. Beitrag von J. Hilpert und J. Kneisel in diesem Band) – Die Idee des Fernhandels und des Austauschs zwischen verschiedenen Teilen der Welt – die Globalisierung – ist nicht neu (vgl. Beitrag von T. Kerig in diesem Band). Auch die „Seidenstraße" ist nicht die älteste bekannte Handelsroute (vgl. Beitrag von J. Kneisel et al. in diesem Band). Betrachten wir also eine noch ältere Handelsroute, die so genannte „Bernsteinstraße".

Baltischer Bernstein im bronzezeitlichen Griechenland?

Tatsächlich kann die bronzezeitliche „Bernsteinstraße" nicht wirklich als „Straße" bezeichnet werden. Die ersten Diskussionen zu diesem Thema begannen bereits vor mehr als hundert Jahren, und in der heutigen Archäologie wird der Begriff „Bernsteinstraße" inzwischen eher als Konzept denn als tatsächliche Straße betrachtet. Aber was ist mit Bernstein? Warum war er gerade in der Bronzezeit so wichtig?

Eine wissenschaftliche Auseinandersetzung mit dieser Frage begann, als der Archäologe Heinrich Schliemann und sein Team im Jahr 1876 in den mykenischen Schachtgräbern Bernsteinornamente entdeckten. Diese Gräber stammen aus der Zeit um 1600 v.u.Z. Die Bernsteinfunde in ihnen galten als Sensation. Es schien undenkbar, dass Objekte wie Bernstein aus einer Entfernung von etwa 2500 Kilometern in diesen reichen Gräbern auftauchen könnten. Niemand dachte an eine mögliche Verbindung zwischen den „zivilisierten Hochkulturen" des Mittelmeerraums und dem angeblich „barbarischen, primitiven und unzivilisierten" Norden. Jeder wusste von den reichen Bernsteinvorkommen an der Westküste Dänemarks oder im Samland an der östlichen Ostsee. Es ist kein Zufall, dass das Bernsteinzimmer im 18. Jahrhundert von einem Bernsteinschleifer aus Danzig (dem heutigen Gdańsk) hergestellt wurde und zu den prestigeträchtigsten Objekten der damaligen Zeit gehörte. Es wurde sogar als „Achtes Weltwunder" bezeichnet.

Doch da man im späten 19. Jahrhundert Zusammenhänge zwischen Ostseeraum und Mykene für unmöglich hielt, entwickelte sich eine Diskussion darüber, ob der Bernstein in den Schachtgräbern wirklich aus dem Norden kam, oder ob er nicht vielmehr aus einer anderen Lagerstätte z.B. in Sizilien stamm-

← Bernsteinperlen aus dem Gräberfeld von Jelšovce, Slowakei (Foto: F. Wilkes).

te. Das liegt geographisch nicht nur viel näher, sondern auch Funde mykenischer Keramik, die auf Kontakte zwischen dem bronzezeitlichen Griechenland und Sizilien hindeuteten, wurden dort gemacht.

Die Entdeckung der Bernsteinsäure

Zu dieser Zeit entdeckte der Danziger Apotheker Otto Helm die „Bernsteinsäure", die im „Baltischen Bernstein" aus dem Norden, nicht aber im „Sizilianischen Bernstein" vorhanden war. Das Verfahren zur Gewinnung der Säure war damals allerdings sehr speziell und zerstörte die archäologischen Funde. Heute ist der Grundgedanke der Herkunftsbestimmung von Bernstein derselbe, aber die spezifischen Methoden wurden verfeinert. In den 1960er Jahren entdeckte Curt W. Beck, Professor am Vassar College in New York, dass baltischer Bernstein eine besondere Art der Infrarotabsorption aufweist, die durch die Methode der Spektroskopie identifiziert werden kann (vgl. Beitrag von K. Saleem und B. Serbe in diesem Band). Mehrere Bernsteinfunde wurden auch in der Technischen Fakultät der CAU Kiel mittels Fourier-Transform-Infrarot-Spektroskopie (FTIR) analysiert und aufgrund des Vorhandenseins der "Baltischen Schulter" als Baltischer Bernstein identifiziert. Dieses spezifische Muster, das als „baltische Schulter" bezeichnet wird, wurde bei keiner anderen Art von fossilem Harz in Europa beobachtet. Es wird vermutet, dass es auf das Vorhandensein von Bernsteinsäureestern zurückzuführen ist, einer organischen Komponente, die spezifisch für den baltischen Bernstein ist.

Einer der größten Vorteile dieser neuen Methode ist, dass sie zerstörungsfrei funktioniert. Sie ist auch billiger und schneller als frühere Ansätze und ermöglicht die Analyse vieler Bernsteinproben in kurzer Zeit. Diese Revolution in der Analytik ermöglichte es, zahlreiche archäologische Funde aus ganz Europa zu untersuchen. Das Ergebnis: Bei den meisten Bernsteinfunden in archäologischen Kontexten handelt es sich tatsächlich um „baltischen Bernstein", d. h. er stammt ursprünglich aus den Gebieten Dänemarks oder dem Samland. Das gilt auch für die Bernsteinfunde aus den mykenischen Schachtgräbern, wie

» Aber sie würde höchstwahrscheinlich ein hochkomplexes soziales System offenbaren, das mit der Idee des Handels verbunden ist: Der Weg zum Reichtum. «

dies zunächst Ende des 19. Jahrhunderts und zweifelsfrei in den 1960ern nachgewiesen wurde. Daraus lässt sich schließen, dass es einen Mechanismus für die Verteilung über weite Entfernungen gegeben haben muss.

Bernstein vernetzt das vorgeschichtliche Europa

Wie bereits erwähnt, ist die Idee von Bernsteinhandelsrouten nicht neu. Nach der Entdeckung der Bernsteinsäure durch Otto Helm nahm die Diskussion an Fahrt auf und bezog sich zunächst auf die bekannten römischen Handelsrouten, die von antiken

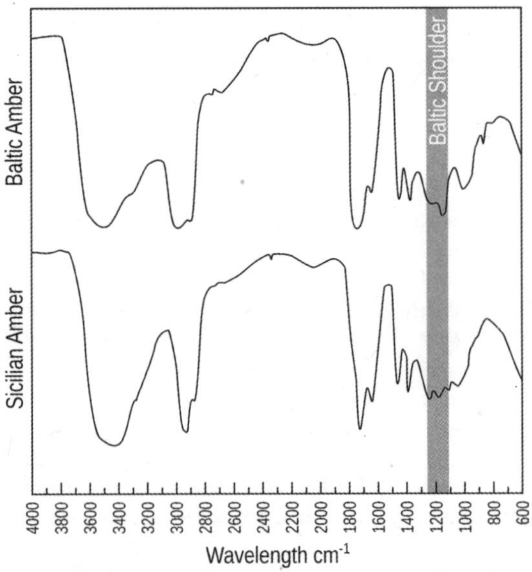

↑ Absorbtionsspektra baltischer und sizilianischer Bernsteintypen (zusammengestellt nach Murillio-Barroso/Martinón-Torres 2012, Abb. 2-3).

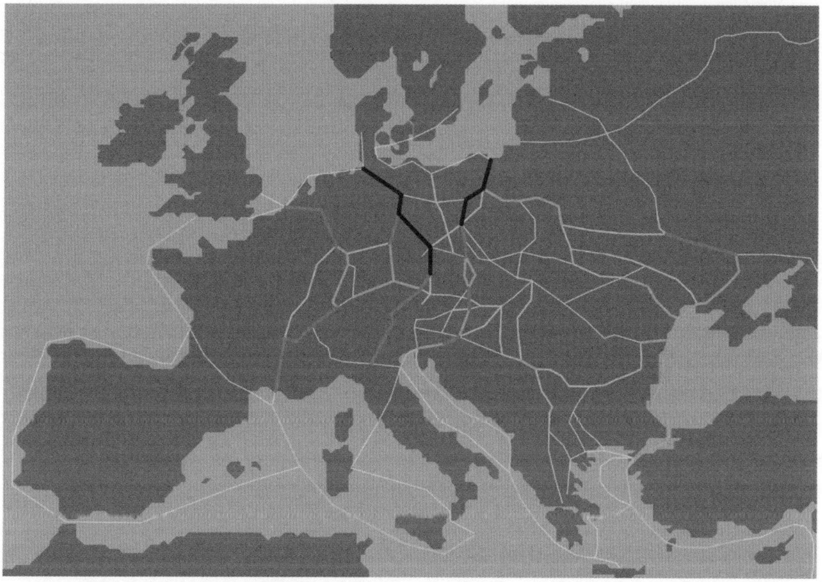

← Häufigkeit der Erwähnung vorgeschlagener Abschnitte der „Bernsteinstraße" (Karte: B. Serbe).

Autoren genannt wurden. Im Jahr 1925 veröffentlichte der in England lehrende Archäologe Jose Maria de Navarro eine erste Studie über den Bernsteinhandel und seine Routen durch Europa auf der Grundlage archäologischer Funde, die verschiedene Standorte mit nahe gelegenen geographischen Merkmalen wie Flüssen und Gebirgspässen in Verbindung brachten. Seine Methode löste viele Diskussionen aus, von der Behauptung, es handele sich um das „vollständigste System, das es gibt", bis hin zu Stimmen, die sagten, es funktioniere nur, wenn man alle bronzezeitlichen Fundstätten mit Bernstein (über 1200 Jahre hinweg) auf einmal einbeziehen würde. Nichtsdestotrotz wurde dieses Modell lange Zeit favorisiert und spielte eine wichtige Rolle in der Diskussion über die „Ausbreitung der Zivilisation" von Griechenland in das übrige Europa. Andere Autoren trugen zu dieser Diskussion bei, indem sie das System der „Bernsteinstraßen" erweiterten und dann über die richtige Route stritten.

Heute werden dieser Ansatz und seine ursprüngliche Methode kritischer gesehen. Die Verbreitung von Bernstein ist kein natürlicher Prozess, der zu einem beobachtbaren Muster führt, sondern vielmehr ein kultureller Prozess, bei dem verschiedene und komplexe soziale Faktoren eine große Rolle spielen. Daher spiegelt die Verknüpfung verschiedener Fundorte mit Bernstein eher ein soziales Netzwerk von Einflüssen als ein vollständiges Straßensystem, wie es heute existiert.

Hätten wir nicht all die schriftlichen und digitalen Quellen zum Infrastrukturprogramm „One Belt, One Road", würden sich Archäologie und Geschichtswissenschaft auch in einigen tausend Jahren noch über den genauen Verlauf der „One Road" streiten und sich fragen, welche Häfen Teil der maritimen Seidenstraße gewesen sein könnten und welche Landstraßen und Eisenbahnen in den „One Belt Economies" genutzt worden wären. Verschiedene Autoren würden unterschiedliche Routen vorschlagen, einige z. B. mit Schwerpunkt auf dem Einfluss der Asiatischen Infrastruktur-Investitionsbank in Afrika und Europa. Die Methode mag in Zukunft anders sein, doch die Bestimmung der genauen Route wäre immer noch so schwierig wie heute. Aber sie würde höchstwahrscheinlich ein hochkomplexes soziales System offenbaren, das mit der Idee des Handels verbunden ist: Der Weg zum Reichtum. ◆

Khurram Saleem und Benjamin Serbe

Die Analyse von Bernstein

Bernstein ist ein Harz, das Pflanzen ausscheiden und das im Laufe der Zeit Reifungs- und Vernetzungsprozesse durchläuft. Geologische Bedingungen, wie z. B. vulkanische Aktivitäten, können diese Prozesse beschleunigen. Mit Hilfe wissenschaftlicher Methoden lassen sich fossile Harze unterschiedlichen Alters hinsichtlich ihrer botanischen Herkunft, ihres geologischen Umfelds und ihrer geographischen Herkunft vergleichen. Solche vergleichenden Studien können die Herkunft bestimmter Bernsteinfunde ermitteln und somit dazu beitragen, die Verbreitungswege von Bernstein in verschiedenen geographischen Regionen zu rekonstruieren. Chemisch gesehen sind Bernsteine wasserunlösliche komplexe Gemische aus organischen Verbindungen wie Terpenen. Sie unterscheiden sich durch ihre Materialeigenschaften sowie durch das Vorhandensein von organischen und anorganischen Einschlüssen. Harze aus derselben botanischen Quelle können unterschiedliche Prozesse durchlaufen, die zu einer Vielzahl fossiler Harze führen. Baltischer Bernstein macht den größten Teil des weltweiten Bernsteins aus und enthält als besonderes Merkmal Bernsteinsäure.

Um die Herkunft eines bestimmten Bernsteinfundes zu untersuchen, werden verschiedene Analysemethoden mit geologischen, paläogeographischen und paläoklimatischen Hintergrunddaten kombiniert. Ein zerstörungsfreier Ansatz erforscht die chemischen Profile von Bernsteinfunden mit spektroskopischen Analysen. Die spektralen Profile hängen vor allem von der geographischen Herkunft der Proben, ihren botanischen Quellen sowie von den Reifegraden und den geologischen Bedingungen ihrer Umwandlung ab. Während der Fossilisierung durchlaufen die Harze zahlreiche chemische Prozesse, und diese spezifischen Merkmale können durch Techniken wie Raman- und Infrarotspektroskopie quantifiziert werden.

Raman-Spektroskopie

Betrachtet man das durch die Raman-Spektroskopie ermittelte chemische Profil, so zeigt sich, dass der Abbau fossiler Harze zum Verlust von Kohlenstoff-Doppelbindungen führt, was durch die geringere Intensität der Bande bei 1640 cm^{-1} im Vergleich zu 1440 cm^{-1} in den Spektren deutlich wird. Daher wurde das Intensitätsverhältnis zwischen diesen beiden Banden als Indikator für den Reifegrad der organischen Materie vorgeschlagen, insbesondere für fossile Harze. Das durch Raman-Spektroskopie gemessene chemische Profil eignet sich für den Vergleich des Alters von Proben, die unter gleichen oder ähnlichen Druck-Temperatur-Bedingungen in Wirtslagerstätten und aus den gleichen botanischen Quellen verändert wurden.

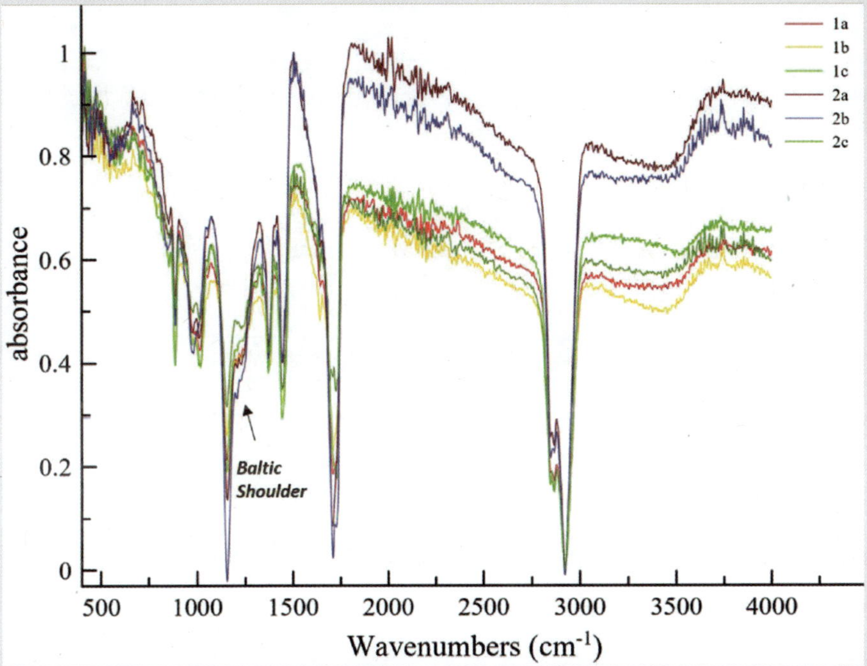

← FTIR-Analyse der Bernsteinfunde von Kaliningrad, Russland (1a, 1b, 1c) und Skallingen, Dänemark (2a, 2b, 2c) (Diagramm: K. Saleem).

Infrarot-Spektroskopie

Wenn Infrarotstrahlung mit einem Molekül in Wechselwirkung tritt, werden Schwingungsenergieniveaus angeregt, was zu einem Absorptionsspektrum mit klar definierten Banden im Bereich zwischen 400 und 4000 cm^{-1} führt, die den Bindungen zwischen Atomen und/oder funktionellen Gruppen entsprechen. Die für eine bestimmte Probe erhaltenen Spektraldaten können mit anderen Proben verglichen werden, um Unterschiede oder Ähnlichkeiten festzustellen. Mit Hilfe der Fourier-Transformations-Infrarot-Spektroskopie (FTIR) lässt sich ein Muster erkennen, das als „baltische Schulter" bezeichnet wird: Im Bereich zwischen 1250 und 1110 cm^{-1} erscheint eine horizontale Bande, gefolgt von einem starken Abfall und einer gut definierten Bande bei 1155 cm^{-1}. Dieses Muster wurde bisher bei keiner anderen europäischen fossilen Harzart beobachtet. Es wird angenommen, dass die einzigartige baltische Schulter auf das Vorhandensein von Bernsteinsäureestern zurückzuführen ist, bei denen es sich um organische Komponenten handelt, die spezifisch für den baltischen Bernstein sind. Daher eignet sich die zerstörungsfreie FTIR-Technik besonders gut für die Durchführung von Herkunftsstudien prähistorischer Bernsteinartefakte. ■

Andrea Ricci

Die Macht des Wassers – Konnektivität durch Wasser in Mesopotamien

Die Verfügbarkeit von Wasser ist ein entscheidender Faktor für das Leben. Die lebensspendende und lebenserhaltende Kraft des Wassers macht seine Kontrolle zu einem der wichtigsten Elemente für die Schaffung und Erhaltung der menschlichen Zivilisation. Die Kontrolle natürlicher Wasserläufe sowie der Bau und die Instandhaltung von Wassersystemen sind auf verschiedenen Ebenen stets entscheidend für die Gestaltung sozialer, kultureller und ökologischer Konnektivität. Die Kontrolle von Wasser und Wasserwegen schafft Möglichkeiten, dass neue Verbindungen und Abhängigkeiten zwischen Individuen und Gemeinschaften entstehen. Darüber hinaus sind Wasserläufe häufig eine effiziente Transporthilfe. In allen Regionen jenseits der gemäßigten regenreichen Zone wurden bereits vor Jahrtausenden Techniken zur Zufuhr und Ableitung von Wasser von und zu bestimmten Orten entwickelt, die seither die Gestaltung von Kulturlandschaften prägen.

← Komplexe, sich überlagernde Strukturen von Reliktkanälen südlich von Babylon, Irak, gesehen auf einem CORONA-Satellitenbild vom August 1968 (Mission 1104; mit freundlicher Genehmigung des USGS).

Antike Urbanisierung und Wasserwirtschaft

Die Erforschung des Wassers ist schon seit langer Zeit Bestandteil archäologischer und historischer Untersuchungen. Die großen antiken Zivilisationen entwickelten sich an den Ufern von Flüssen, die ideale Bedingungen für Landwirtschaft, Gartenbau und Wasserwirtschaft boten. Die Einrichtung groß angelegter Bewässerungssysteme erfordert die Verwaltung der nötigen Arbeitskräfte und eine komplexe Technik. Sie ist daher mit dem Entstehen staatlicher Institutionen verbunden. Mesopotamien – das Land zwischen den beiden Flüssen Tigris und Euphrat – stellt eine der wichtigsten Fallstudien in der Diskussion über die Entwicklung und das Wachstum der antiken Urbanisierung im Zusammenhang mit der Wasserwirtschaft dar. Insbesondere im südlichen Mesopotamien, d.h. in der Region südlich von Bagdad bis an den Persischen Golf, führt der Abfluss der Flüsse jedes Jahr zu Schwemmlandablagerungen entlang der Wasserläufe. Diese Ablagerungen bestehen hauptsächlich aus Schlamm (d.h. einer Mischung aus nährstoffreicher Erde und Wasser) und machen den Boden sehr fruchtbar, so dass dort eine üppige Vegetation gedeihen kann. Untrennbar mit dieser Wasserlandschaft verbunden, haben die Gemeinschaften im südlichen Mesopotamien – auch Sumer oder Babylonien genannt – mindestens seit dem 6. Jahrtausend v.u.Z. eine Reihe von Technologien und Kenntnissen zur Kontrolle und Organisation der Wasserressourcen entwickelt und angewandt. Die Bauern entlang der Flüsse Tigris und Euphrat errichteten Dämme, um die Überschwemmungen von ihren Feldern fernzuhalten, und gruben Kanäle, um das Wasser aus den Flüssen auf ihre landwirtschaftlichen Flächen zu leiten. Es entstanden komplexe Kanalsysteme, und zahlreiche städtische Zentren wie Uruk, Eridu und andere florierten bereits im 5. Jahrtausend v.u.Z. Seit der Entstehung dieser frühen Städte haben sich die Nutzung und Anwendung von Bewässerung über die Jahrtausende hinweg weiterentwickelt und umfassten im 2. und 1. Jahrtausend v.u.Z. auch imperiale, auf Wasser beruhende Investitionen. Die Kontrolle und Instandhaltung der Bewässerungssysteme hat die südmesopotamischen Schwemmlandschaften für immer geprägt.

Wasserwege verbinden Menschen und Güter

Die regionale Beschaffenheit des Bodens und die Landschaftsformen Mesopotamiens bieten Möglichkeiten und setzen gleichzeitig Grenzen für den Auf- und Ausbau der lokalen Wassersysteme. In der sehr flachen Landschaft von Sumer bieten Wasserwege die Möglichkeit eines reibungsarmen

» Die Kontrolle natürlicher Wasserläufe sowie der Bau und die Instandhaltung von Wassersystemen sind auf verschiedenen Ebenen stets entscheidend für die Gestaltung sozialer, kultureller und ökologischer Konnektivität. «

↑ Tontafel, die einen Teil eines landwirtschaftlichen Gebiets und Kanäle in der Nähe der Stadt Nippur zeigt, Kassitenzeit, ca. 1500 v.u.Z. (Objektnummer CBS13885 Penn Museum. ©: https://www.penn.museum/collections/object_images.php?irn=98408).

Transports, der die Beförderung von Waren erleichtert. Boote können von Tieren und/oder Menschen effizienter bewegt werden, als es beim Transport von Waren auf dem Landweg der Fall ist. Die Ausrichtung von Wasserversorgungsstrukturen und Kanälen bestimmt die Lage und das Muster von Siedlungen und in einigen Fällen sogar die interne Verteilung von Gebäuden, Straßen und Infrastrukturen, einschließlich der Häfen. Ein gegrabener Kanal verbindet die Städte und Dörfer entlang seines Verlaufs. Diese Bedingungen vermögen es, neue menschliche Beziehungen zu schaffen. Die Menschen treffen während des Baus und der Nutzung des Kanals zusammen, was Kommunikation und den Austausch von Waren und Ideen ermöglicht, aber auch das Potenzial für Streitigkeiten über die Kontrolle von Wasser und neuen landwirtschaftlichen Flächen bietet. Dies wird durch die älteste bekannte Aufzeichnung eines Grenzstreits belegt, die eine Reihe von Konflikten um Land und die Verwaltung des Kanals zwischen den Städten Lagaš und Umma während der frühen Dynastie III (ca. 2600-2334 v.u.Z.) beschreibt. Die Gründe für die Aufgabe von Kanälen können mangelnde Wartung, Verstopfung durch Ablagerungen, wirtschaftliche Faktoren oder Naturkatastrophen sein. Wenn dies geschieht, können Dörfer und Städte aufgrund des Wassermangels mit dramatischen Folgen konfrontiert werden, es sei denn, die Kontrolle über die Wasserversorgung wird durch das Ausheben eines neuen Kanals oder die Reaktivierung eines früheren Kanals wiedererlangt. Gleichzeitig müssen andere, vielleicht weniger effiziente Wege für die Kommunikation und den Verkehr erkundet werden.

Überregionale Flussnetzwerke

In größerem Maßstab dienten Wasserwege oft als entscheidende Verbindung für die Bewegung über große Entfernungen. So dehnten sich im 4. Jahrtausend v.u.Z. die Uruk-Gemeinschaften des südlichen Mesopotamiens nach Norden sowie in die Susiana-Ebene im Iran im Osten aus. Möglicherweise geschah dies auch im Zusammenhang mit der Beschaffung von Rohstoffen (z. B. Metalle, Steine, Holz), die im südmesopotamischen Schwemmland fehlen. Zu dieser Zeit verbanden weitreichende kulturelle und wirtschaftliche Netzwerke weit entfernte Regionen in Interaktionsgemeinschaften, die sich in den Becken von Tigris und Euphrat konzentrierten. Entlang ihrer Täler wurden zahlreiche neue Ortschaften gegründet, und es kam zu verschiedenen Wechselbeziehungen zwischen lokalen Gruppen und den südlichen Gemeinschaften. Schreib- und Verwaltungsgeräte, die zuerst im Süden erfunden wurden, tauchten auch im Norden entlang der Täler von Tigris und Euphrat und ihrer Nebenflüsse auf. Das beweist die Bedeutung dieser beiden Hauptrouten auch für den Wissenstransfer. Trotz des Zusammenbruchs der komplexen Uruk-Netzwerke gegen Ende des 4. Jahrtausends v.u.Z. blieben Tigris und Euphrat auch in den folgenden Jahrtausenden als

↑ Eines der Fragmente der Stele der Geier, Frühdynastische III. Periode, ca. 2600-2334 v.u.Z. (Objektnummer AO50 Louvre Museum. ©: CC BY-SA 3.0; vgl. https://commons.wikimedia.org/wiki/File:Stele_of_Vultures_detail_01a.jpg).

entscheidende Kommunikationswege für ganz Südwestasien bestehen und prägten die soziokulturellen und wirtschaftlichen Interaktionen.

Im alten Mesopotamien förderten die Verbindungen zwischen Wasser und Mensch die Entstehung und Entwicklung städtischer Systeme sowie die Einrichtung lokaler und weitreichender Routen und Netzwerke. In dieser spannenden Zeit, die die frühen Wurzeln unserer Zivilisation darstellt, entstanden entlang der Achsen der Wasserkraft Urbanisierung, Arbeitsspezialisierung, Bürokratie und neue soziokulturelle Netzwerke. Inmitten dieser reichen, sedimentierten Geschichte bietet das Wasser weiterhin wichtige Formen der Verbindung und gibt Anlass zu neuen Kämpfen um seine Kontrolle. ◆

» Im alten Mesopotamien förderten die Verbindungen zwischen Wasser und Mensch die Entstehung und Entwicklung städtischer Systeme sowie die Einrichtung lokaler und weitreichender Routen und Netzwerke. «

HELGÖ
SVERIGE BREV
S.H./M.M. STATYETT P.NASZARKOWSKI sc. 2015

Jens Schneeweiß

Wie kam Buddha zu den Nordmännern nach Schweden?

Im Jahr 2015 wurde in Schweden eine unscheinbare Briefmarke herausgebracht, auf der eine kleine Buddha-Statuette dargestellt ist. Der Markenwert sieht vor, dass der Briefmarken-Buddha innerhalb Schwedens auf Reisen geht. Die dargestellte Statuette hat jedoch eine ungleich weitere Reise zurückgelegt. Sie wurde fast 60 Jahre zuvor bei Ausgrabungen auf der Insel Helgö unweit des wikingerzeitlichen Fernhandelszentrums Birka gefunden. Der Fund war damals eine Sensation, und er gehört bis heute zu den herausragendsten frühgeschichtlichen Funden Schwedens. Dennoch gibt der weise lächelnde Buddha Rätsel auf und wird die Details seiner langen und weiten Reise wohl immer für sich behalten. Wir wissen, dass die nur 8,4 Zentimeter hohe Bronzestatuette im 6. Jahrhundert n.u.Z. im Swat-Tal im heutigen Pakistan hergestellt wurde. Sie war mit Einlagen aus Silber, Glas und Kupfer versehen, von denen sich Spuren erhalten haben. Als sie 1956 im dritten Jahr der Ausgrabungen im 6000 Kilometer entfernten Helgö gefunden wurde, hatte sie noch einen Lederriemen um den Hals, mit dem sie wahrscheinlich irgendwo befestigt war.

Was führt einen kleinen Buddha vom Himalaya zu den Wikingern in den Norden Europas? Wer hat ihn auf welchem Weg dorthin gebracht? Um das herauszufinden, wäre es gut zu wissen, wann genau der Buddha Skandinavien erreicht hat. Helgö war der wichtigste Vorgängerort von Birka und hatte seine Blütezeit in der Mitte des 1. Jahrtausends n.u.Z. Im 6. Jahrhundert gab es hier eine reiche Schmuckwerkstatt und Goldschmiede, in der Gold und Edelsteine verarbeitet wurden. Sie kamen ebenfalls von weit her und wurden wahrscheinlich über Netzwerke vermittelt, die auf spätantike Strukturen zurückgingen. Mit zunehmender Veränderung des Meeresspiegels wurde die Zufahrt nach Helgö jedoch ungünstiger, und die Bedeutung ging langsam auf Birka über. Bei den Grabungen 1956 wurden keinerlei Beobachtungen zum Fundkontext gemacht, die

← Briefmarke der schwedischen Post, 2015 (nach Piotr Jerzy Naszarkowski 1952; Quelle: https://www.lastdodo.de/de/items/5697253-der-spaten-eisenzeit-wikingerzeit).

» So exotisch und fremd die kleine Buddha-Statuette auf den ersten Blick wirkt, so ist sie doch wahrscheinlich auf einem Weg nach Skandinavien gereist, den mit ihr und nach ihr Zigtausende von Objekten – vornehmlich Silbermünzen – zurückgelegt haben. «

helfen würden zu entscheiden, wann zwischen dem 6. und 9. Jahrhundert der Buddha dort in den Boden kam. Überlegungen zur Route, die er genommen haben könnte, können hier vielleicht weiterhelfen.

Das Swat-Tal, seinerzeit ein wichtiges Zentrum des Buddhismus, liegt an einem südlichen Abzweig der mittleren Seidenstraße, die über Baktrien, Samarkand und Buchara nach Westen zum Kaspischen Meer und weiter zum Mittelmeer verlief. Auf der Seidenstraße wurde nicht nur Seide von China nach Europa transportiert, sondern auch etliche andere Güter, Religionen, Krankheiten und Ideen (vgl. Beitrag von J. Hilpert und J. Kneisel in diesem Band). Ziemlich sicher machte sich der Buddha im persönlichen Besitz eines Reisenden auf der Seidenstraße auf den Weg nach Westen. Die Vorherrschaft um die Seidenstraße war stark umstritten. Im 7. Jahrhundert übernahmen die Chinesen der Tang-Dynastie die Kontrolle von den Persern, was zu einer Blütezeit dieser Handelsroute führte. Im Jahr 751 kam es zur Schlacht am Talas, in der die Araber die Tang-Chinesen schlugen und endgültig ihre Macht in Zentralasien manifestierten. Sie war der Höhepunkt jahrzehntelanger Machtkämpfe und gilt als eine Entscheidungsschlacht der Weltgeschichte. Seither kontrollierte die arabische Dynastie der Abbasiden die mittlere Seidenstraße. Das Kalifat der Araber war groß und mächtig. Samarkand und große Teile der Seidenstraße gehörten dazu, das Tal des Swat lag nun im äußersten Osten, wo das Kalifat bis an den Indus reichte. Im Westen umfasste es weite Teile Nordafrikas. Das riesige Reich blühte auf und zog Gelehrte und Händler aus aller Welt an. Bagdad wurde die neu gegründete Hauptstadt. In der „Runden Stadt", der Metropole des noch jungen Islam, lebten Juden, Christen, Buddhisten und viele weitere, die vom Wohlstand angezogen wurden.

Vielleicht hatte einer von ihnen den kleinen Buddha mitgebracht, der nun schon über 150 Jahre alt war. Für einen Gegenstand mit religiöser Bedeutung ist solch ein Alter nichts Ungewöhnliches. Wir wissen es nicht. Wir wissen aber, dass eines der berühmtesten diplomatischen Geschenke der europäischen Geschichte ebenfalls aus Indien stammte: der Elefant Abul Abbas (†810). Der abbasidische Kalif Hārūn ar-Raschīd, den auch die Märchen aus 1001 Nacht kennen, gab ihn als großzügige Gegengabe einer Gesandtschaft für Karl den Großen mit. Abul Abbas war wahrlich ein Geschenk kaiserlicher Würde. Daher sind wir über den Weg des Elefanten von Indien über Bagdad und Italien bis nach Aachen recht gut informiert – hinsichtlich der kleinen Buddha-Statuette sind wir jedoch auf Vermutungen angewiesen. Fest steht immerhin, dass die abbasidischen Kalifen nicht nur diplomatische Beziehungen nach China, Indien und Westeuropa unterhielten, sondern dass auch die Blüte des wikingischen Wirtschaftsraums im Osten Europas sehr eng mit dem Abbasidischen Kalifat verbunden war (vgl. Beitrag von J. Schneeweijß und H. Piezonka in diesem Band). Praktisch zur gleichen Zeit, seit dem 8. Jahrhundert, erschlossen die Nordmänner, Wikinger oder Waräger, die großen Stromgebiete der osteuropäischen Waldzone als Handelswege in den

Süden. Es entstand der „Weg von den Warägern zu den Griechen", wie er in mittelalterlichen Quellen genannt wird. Gemeint ist das Byzantinische Reich, dessen Hauptstadt Konstantinopel über den Dnepr und das Schwarze Meer zu erreichen war; die Wolga führte gleichzeitig zum Kaspischen Meer und damit direkt zum Kalifat der Abbasiden, wo Pelze und Sklaven gegen begehrtes Silber einzutauschen waren. Von diesem Handel zeugen Tausende arabischer Silbermünzen, sogenannte Dirham, die in Osteuropa und in Skandinavien gefunden wurden. Die großen osteuropäischen Flusssysteme waren aber nicht nur eine Straße des Silbers, der Pelze und der Sklaven, sondern hier verkehrten Händler und Krieger gleichermaßen wie Gesandtschaften. Im 9. Jahrhundert gewann die direkte Verbindung von Buchara nach Bolgar an der Wolga als nördlicher Zweig der Seidenstraße an Bedeutung. Hier spielten die Chasaren, die ungefähr in jener Zeit zum Judentum konvertierten, eine wesentliche Mittlerrolle.

Mit dem Aufschwung des Silberhandels kam auch der Aufstieg Birkas, Helgö hatte da seine Blütezeit längst hinter sich. Doch verlassen war die Insel keineswegs. Neben anderen Funden belegen auch arabische Dirham des 8. und frühen 9. Jahrhunderts, die nicht nur aus Gräbern, sondern unter anderem auch aus der unmittelbaren Umgebung der Buddha-Statuette stammen, dass die Insel bis in die Wikingerzeit genutzt wurde. Ein weiterer außergewöhnlicher Fund muss in diesem Zusammenhang genannt werden: die emaillierte Krümme eines Krummstabs aus dem späten 8. oder frühen 9. Jahrhundert. Das Stück aus einer Kupferlegierung ist 9,3 Zentimeter hoch, stammt aus Irland und wurde nur sieben Meter von unserem Buddha entfernt gefunden. Uns interessiert hier zunächst die Datierung, die in denselben Zeitraum verweist wie die Dirham. Seit dem späten 8. Jahrhundert nahmen die Überfälle der Wikinger auf Klöster auf den Britischen Inseln und Irland zu, sie erreichten im 9. Jahrhundert ihren Höhepunkt. Es ist demnach plausibel, dass die von dort mitgebrachte Krümme irgendwann in den Jahrzehnten um oder kurz nach 800 in Helgö niedergelegt wurde, möglicherweise von einem Teilnehmer an einer Überfahrt nach Irland. Ob es sich dabei aber um ein Geschenk, um eine Art Weihegabe oder Rohstoff zur Schmuckherstellung gehandelt hat, ist nicht bekannt. Wir wissen nicht, ob diese beiden exotischen Funde, die aus komplett verschiedenen Welten und Zeiten stammen, mit derselben Absicht nach Helgö gelangten, ja, ob sie überhaupt etwas miteinander zu tun hatten. Sicher ist nur, dass sie gänzlich unterschiedliche Wege genommen haben. Beide Wege waren in der frühen Wikingerzeit viel befahren und wohlbekannt.

Gewissheit wird nicht zu erlangen sein. Aber es mag doch eine Bedeutung haben, dass der Buddha und die Krümme unweit eines als „Tempel" angesprochenen Gebäudes bzw. eines wohl als heilig verehrten Ortes gefunden wurden. Die ganze Insel wird auch als jahrhundertealtes überregionales Heiligtum angesehen. Es darf wohl sicher angenommen werden, dass diejenigen, die den Buddha und den Krummstab zu diesem Ort brachten, gewusst haben, dass diese Gegenstände in ihrem ursprünglichen Kontext eine religiöse Bedeutung hatten, denn genau das haben beide Objekte gemeinsam. Insofern sind sie vielleicht doch als bewusst niedergelegte Weihegaben anzusehen. So exotisch und fremd die kleine Buddha-Statuette auf den ersten Blick wirkt, so ist sie doch wahrscheinlich auf einem Weg nach Skandinavien gereist, den mit ihr und nach ihr Zigtausende von Objekten – vornehmlich Silbermünzen – zurückgelegt haben. ◆

Kapitel 5:

Wege von Ritualen und Wissen

Fynn Wilkes und Henry Skorna

Am Ende des Weges – Was Gräber uns über Netzwerke und Kontakte in der Urgeschichte verraten

Gräber, vielseitige Quellen der Archäologie

In der Archäologie ist die Beschäftigung mit der Vergänglichkeit – dem Tod – alltäglich. Überreste vergangener Gesellschaften, ob nun Häuser, Gruben oder Gräber, sind die Quellen unserer Forschungsdaten. Diese liefern uns einen vielschichtigen Blick in die Vor- und Frühgeschichte. Zum einen lassen sich anhand der Art der Bestattungsweise vergangene Glaubenswelten interpretieren und diskutieren, zum anderen verraten uns die Gräber viel über soziale Strukturen früherer Gesellschaften. Doch was können uns die Gräber, die Toten und ihre Grabbeigaben über urgeschichtliche Transportwege von Rohstoffen sowie soziale Fernkontakte verraten?

Im Karpatenbecken im Südosten Europas liegen eine Reihe von Gräberfeldern, an denen sich solche Fragen gut untersuchen lassen. Ab der Jungsteinzeit wurde diese Region, die über fruchtbare Böden verfügt, zunehmend von landwirtschaftlichen Gesellschaften bewohnt. Sie siedelten jedoch in erheblicher Entfernung zu den Orten, an denen wichtige Rohstoffe wie Feuerstein, Obsidian, Kupfer oder Bernstein gewonnen wurden. Diese Rohstoffe wurden benötigt, um daraus wichtige Werkzeuge, aber auch prestigeträchtigen Schmuck zu fertigen. Deshalb war ein weitreichendes Transport- und Handelsnetzwerk innerhalb des Karpatenbeckens und darüber hinaus von großer Bedeutung.

Betrachtet man die Entfernungen in prähistorischer Zeit, darf man nicht vergessen, dass der Transport zu Fuß oder später mit der Entwicklung des Rads (älteste Funde in Slowenien stammen aus der Zeit um 3200 v.u.Z.) viel Zeit in Anspruch genommen hat. Als Produkte lokalen Ursprungs gelten solche, die im Umkreis einer Tagesreise (ca. 30 km) zu erhalten waren. Für die Beschaffung von Rohstoffen aus mittleren und großen Distanzen wurden dagegen mehrere Wochen bis Monate benötigt. Eine besondere Rolle im Austausch und Handel von Rohstoffen kam dabei den Flüssen zu. Funde aus zwei Bestattungen geben exemplarisch Auskunft darüber, wie weit solche Netzwerke vor 6000 Jahren bereits reichten.

Das Grab 201 von Rákóczifalva (Ungarn, um 4350-4000 v.u.Z.)

Im östlichen Karpatenbecken, nahe des Flusses Theiß, liegt der Fundort Rákóczifalva, der eine Siedlung und ein Gräberfeld aus der Kupferzeit mit ca. 80 Gräbern umfasst. Der Fundort wurde zwischen 2005 und 2007 durch das János-Damjanich-Museum in Szolnok und das Archäologische Institut der Loránd-Eötvös-Universität in Budapest ausgegraben. In Grab 201 wurden die Überreste eines Mannes in hockender Position mitsamt einem großzügigen Grabinventar freigelegt. Seine Beigaben umfassten ein goldenes Stabende, eine Kupferaxt, zwei Feuersteinklingen, drei Pfeilspitzen aus Obsidian, sechs Keramikgefäße, Tierknochen und einige Fragmente von rotem Ocker.

Während Material und Dekor der Keramikgefäße lokalen Ursprungs sind, belegen die Kupferaxt sowie die Obsidian- und Feuersteinartefakte, dass bereits in der Kupferzeit ein Transport- und Handelsnetzwerk von Rohstoffen über größere Distanzen existierte. Kupfer, Obsidian und Feuerstein kommen in der Region um Rákóczifalva nicht vor und mussten daher von ihren Lagerstätten aus bis zum Fundort transportiert worden sein.

Anhand chemischer Untersuchungen, sogenannter Spurenelement- und Blei-Isotopenanalysen, konnte für die Kupferaxt eine chemische Signatur ermittelt werden. Diese wurde mit den Werten bekannter Kupferabbaugebiete in Europa verglichen. Dabei wurden zwei mögliche Lagerstätten ermittelt. Am wahrscheinlichsten stammt das Kupfer aus der ca. 330 Kilometer südlich gelegenen Region von Majdanpek in Serbien, unweit der Donau. Bevor die Axt an der Seite des Mannes in Grab 201 niedergelegt wurde, muss der Rohstoff oder vielleicht sogar die fertige Axt über die Flusstäler von Donau und Theiß gereist sein – eine Strecke, die deutlich weiter als die 330 Kilometer Luftlinie ist und die für die damalige Zeit eine große Entfernung dargestellt haben muss.

Die drei Pfeilspitzen aus Obsidian sind bisher keiner chemischen Analyse unterzogen worden, allerdings gibt es in Europa nur wenige Lagerstätten dieses Vulkanglases. Untersuchungen anderer Fundorte in der Region ergaben eine Herkunft des Obsidians meist aus dem Tokajer Gebirge, das am nördlichen Rand des Karpatenbeckens liegt. Diese Gebirgslandschaft ist über den Fluss Hornád mit der Theiß verbunden. Der Obsidian für die Pfeilspitzen wird mit großer Wahrscheinlichkeit ca. 210 Kilometer flussabwärts über die Theiß nach Rákóczifalva gelangt sein. Zu den Klingen aus Feuerstein fehlen leider exakte Angaben zur Art des Feuersteins, allerdings muss das Material für diese Artefakte ebenfalls über eine beträchtliche Distanz zum Fundort gelangt sein. Bekannte Lagerstätten für unterschiedliche Feuersteinarten, wie zum Beispiel Radiolarit oder Balkan-Flint, liegen mehr als 150 Kilometer entfernt. Als Rohstoff oder Endprodukt sind sie über das Flussnetzwerk der Donau, Theiß und Maros nach Rákóczifalva transportiert worden. Zum goldenen Stabende – eine kleine zylindrische Tülle – liegen in der Fachliteratur keine Analysen vor. Es ist anzunehmen, dass der Ursprung des Artefakts im Karpatengebirge liegt.

Mit den Beigaben im Grab 201 von Rákóczifalva lässt sich also bereits für die Kupferzeit vor 6000 Jahren ein ausgeprägtes Netzwerk von Transportwe-

» Diese Rohstoffe wurden benötigt, um daraus wichtige Werkzeuge, aber auch prestigeträchtigen Schmuck zu fertigen. Deshalb war ein weitreichendes Transport- und Handelsnetzwerk innerhalb des Karpatenbeckens und darüber hinaus von großer Bedeutung. «

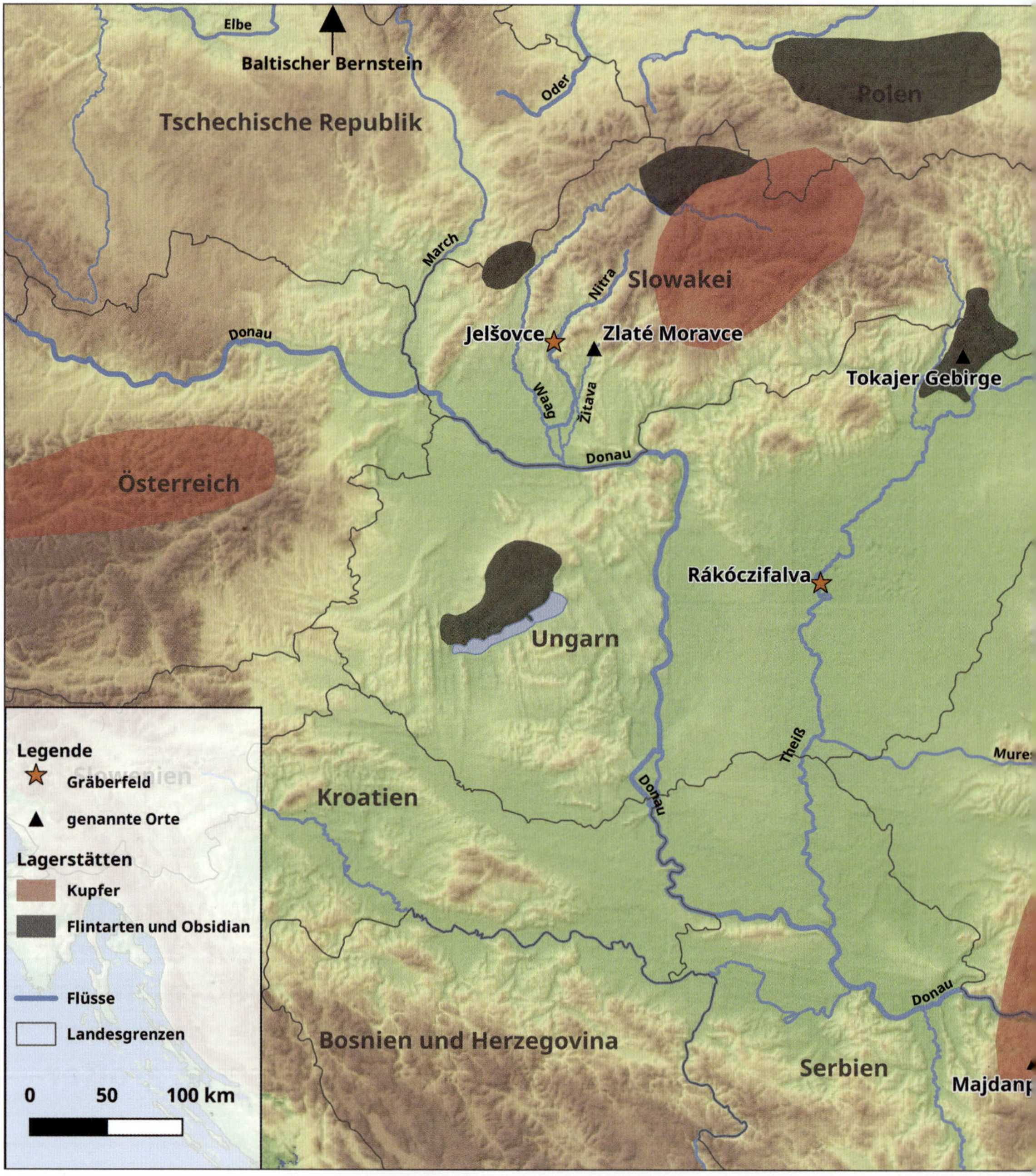
Elbe
Baltischer Bernstein
Oder
Tschechische Republik
Polen
March
Nitra
Slowakei
Jelšovce
Zlaté Moravce
Donau
Waag
Žitava
Tokajer Gebirge
Donau
Österreich
Rákóczifalva
Ungarn
Theiß
Mures
Slowenien
Kroatien
Donau
Donau
Bosnien und Herzegovina
Serbien
Majdanp
Legende
Gräberfeld
genannte Orte
Lagerstätten
Kupfer
Flintarten und Obsidian
Flüsse
Landesgrenzen
0
50
100 km

← Das Karpatenbecken und die im Text genannten Orte und Flüsse. Regionen mit einer Vielzahl an Rohstofflagerstätten sind farbig markiert, außerhalb dieser Regionen gibt es vereinzelte bekannte Lagerstätten (Kartengrundlage: European Environment Agency/ Creative Commons Attribution 4.0 International).

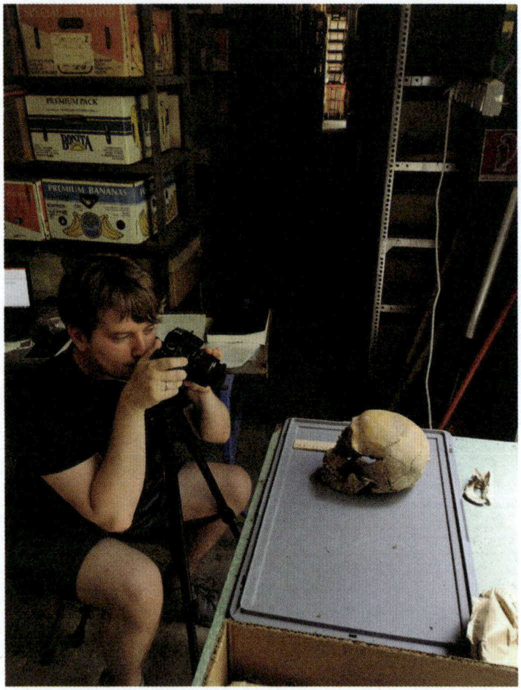

← Dokumentation und Probenentnahme an Knochenmaterial aus Jelšovce im Fundmagazin des Archäologischen Instituts der Slowakischen Akademie der Wissenschaften (Foto: H. Skorna).

gen und Handelsbeziehungen für Rohstoffe im Südosten Europas belegen. Der Transport der Rohstoffe für die Anfertigung der Artefakte im Grab erfolgte entlang der Flüsse und über ein weiträumiges Geflecht an Siedlungen, bis sie zu dem später in Grab 201 bestatteten Mann gelangten und ihm zu Lebzeiten als Werkstoff und Schmuck oder Zeichen seiner sozialen Stellung dienten.

Das Grab 110 aus Jelšovce (Slowakei, um ca. 2100 bis 1600 v.u.Z.)

Am Ufer des Flusses Nitra, der in die Donau mündet, liegt bei Jelšovce der Bestattungsplatz einer frühbronzezeitlichen Gesellschaft. Das Gräberfeld wurde zwischen 1982 und 1987 durch Jozef Bátora und dem Archäologischen Institut der Slowakischen Akademie der Wissenschaften in Nitra ausgegraben und untersucht. In einem Zeitraum von ca. 500 Jahren wurden hier 630 Tote teils mit reichen Beigaben bestattet. Im Grab 110 war eine Frau im Alter zwischen 50 und 60 Jahren in einer hockenden Position beigesetzt. Ein Teil der Beigaben sowie die naturwissenschaftlich untersuchten Knochen der Toten weisen auf ein umfassendes Netzwerk des Waren- und Rohstoffaustausches sowie auf eine hohe Mobilität der bronzezeitlichen Menschen hin. Als Beigaben waren der Frau ein Goldohrring, eine Bernsteinperle, eine Kupfernadel, ein Kupferdolch sowie eine Obsidianklinge und zwei Keramikgefäße mit in das Grab gelegt worden. Die Keramikgefäße sind, bezogen auf Material und Verzierung, höchstwahrscheinlich lokalen Ursprungs. Nicht eindeutig belegbar ist die Quelle des Kupfers, aus dem die Kupferobjekte gefertigt sind. In nur etwa 40 Kilometern Entfernung liegt bei Zlaté Moravce in den westlichen Karpaten eine Metall-Lagerstätte, aus der das Kupfer stammen könnte. Gleichwohl ist in den Kupferbeigaben im Grab durch die bereits früher erwähnten Untersuchungen eine Kupfersorte identifizierbar, die auch für die Herstellung frühbronzezeitlicher Objekte aus Niederösterreich und Süddeutschland verwandt wurde. Das Gold des Ohrrings dürfte aus dem benachbarten Flusstal der Žitava stammen, in dem bis in die Neuzeit Flussgold gewonnen worden ist. Darauf weist auch der Namen des Städtchens Zlaté Moravce – auf Deutsch: Gold Morawitz – hin. Die Klinge aus Obsidian ist dagegen ein eindeutiger Import über einen langen Transportweg. Die nächsten bekannten Lagerstätten des Vulkanglases sind die Gebirgszüge des Zempliner bzw. Tokajer Gebirges

» Damals wie heute ist der Austausch von Waren, Rohstoffen und Ideen einer der Motoren der menschlichen Entwicklung. «

in der Ostslowakei und Ungarn in einer Entfernung von ca. 260 Kilometern, wobei der mögliche Transportweg über die Flüsse deutlich länger ist.

Aber die weiteste Reise, die schließlich bis in das Grab der Frau in Jelšovce führte, wird der der Bernstein absolviert haben. Nach der chemischen Analyse handelt es sich um den baltischen Bernstein, dessen bekanntestes Vorkommen im südöstlichen Ostseeraum liegt. Zwar wird Bernstein in anderen Teilen des nördlichen Mitteleuropas seit ca. Ende des 19. Jahrhunderts auch bergmännisch gewonnen, aber es ist anzunehmen, dass er in prähistorischer Zeit an den Stränden der Ostseeküste gesammelt worden ist. Die am wenigsten aufwendige Route von der Ostsee (ca. 600 km) führt entlang der Flussnetzwerke der Oder und March durch die mährische Pforte zur Donau und Nitra in die heutige Slowakei, ein weiter Weg mit langer Reisezeit (vgl. Beitrag von B. Serbe in diesem Band).

Zahlreiche naturwissenschaftliche Methoden werden in den vergangenen Jahren zunehmend auch in der Archäologie angewandt. Dazu zählen besonders Isotopenanalysen an menschlichen Überresten aus Gräbern zur Rekonstruktion von Ernährung und Mobilität. Auch in Jelšovce wurde die Strontiumisotopenanalyse zur Rekonstruktion der Mobilität verwendet. Die untersuchten Skelettreste der Bestatteten aus Grab 110 weisen darauf hin, dass sie zumindest ihre Kindheit und frühe Jugend nicht in der Umgebung von Jelšovce verbracht hat.

Diese naturwissenschaftlichen Untersuchungsmethoden werden derzeit im Rahmen des Exzellenzclusters ROOTS in einer großangelegten Studie am Gräberfeld Jelšovce weitergeführt, um anhand von Isotopen (Stickstoff und Kohlenstoff) Einblicke in die Ernährungsweise dieser bronzezeitlichen Gesellschaft zu erhalten.

Das Ende des Weges?

Sowohl das Grab 201 von Rákóczifalva als auch das Grab 110 aus Jelšovce weisen auf umfassende Austauschnetzwerke und auf individuelle Mobilität in den prähistorischen Gesellschaften hin. Mit Blick auf die Leichtigkeit und Geschwindigkeit, mit der heute Waren sowie Informationen gehandelt und ausgetauscht werden, ist es erstaunlich, dass bereits vor 6000 Jahren, also noch vor Erfindung des Rades, über große Distanzen und unter deutlich schwierigeren Bedingungen Waren transportiert wurden und unterschiedliche Gesellschaften miteinander vernetzt waren.

Damals wie heute ist der Austausch von Waren, Rohstoffen und Ideen einer der Motoren der menschlichen Entwicklung. Die sich ständig weiterentwickelnden wissenschaftlichen Methoden werden die Forschung zukünftig in die Lage versetzen, ein noch besseres Verständnis von Routen und Netzwerken prähistorischer Gesellschaften zu erlangen und damit die Wurzeln unserer heutigen Gesellschaft zu ergründen. ◆

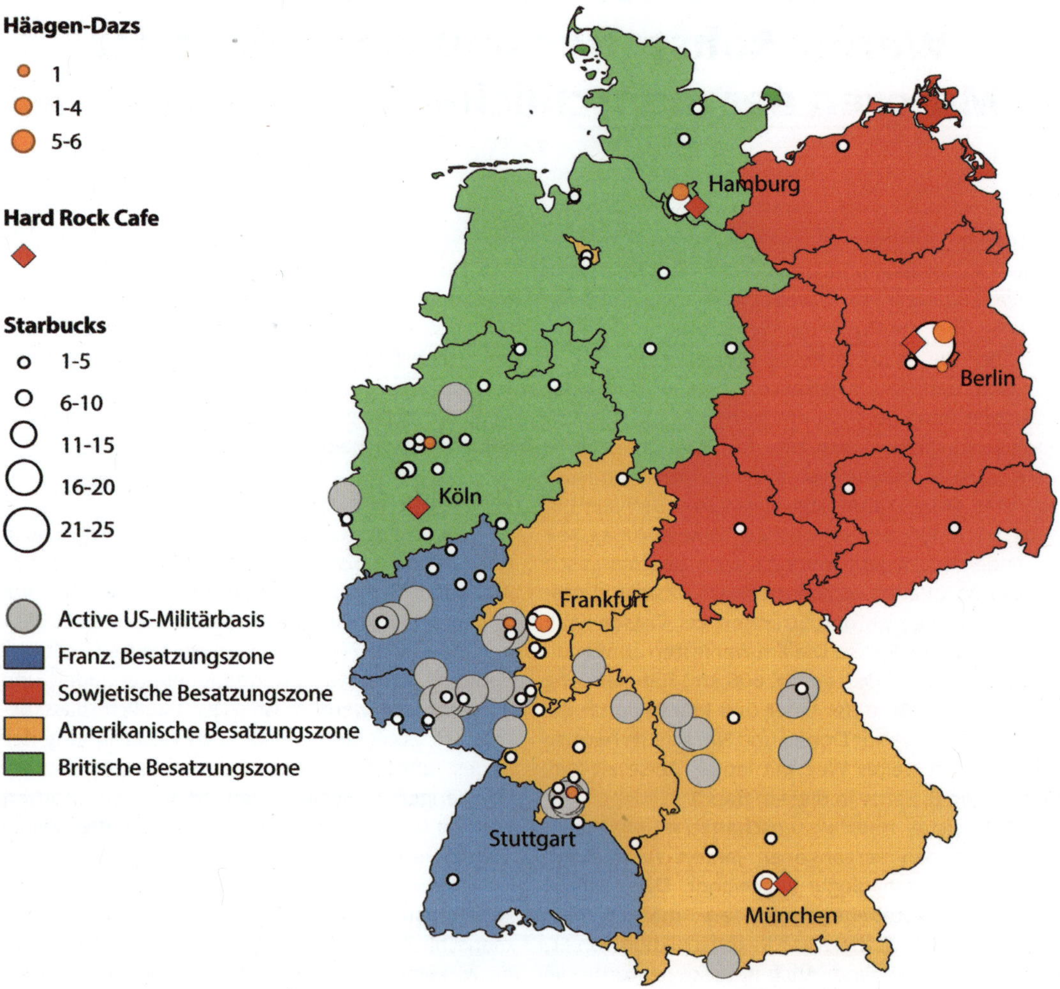
Häagen-Dazs
1
1-4
5-6
Hard Rock Cafe
Starbucks
1-5
6-10
11-15
16-20
21-25
Active US-Militärbasis
Franz. Besatzungszone
Sowjetische Besatzungszone
Amerikanische Besatzungszone
Britische Besatzungszone
Hamburg
Berlin
Köln
Frankfurt
Stuttgart
München

Jutta Kneisel

Meerjungfrauen, Gesichter, Häuser und Vögel – Symbole der Konnektivität

Heute: Starbucks & Co.

Die grüne Meerjungfrau auf weißem Grund ist ein globales Symbol für Lifestyle, Status und Prestige. Das Symbol vermittelt ein Zugehörigkeitsgefühl zu einer polyglotten Gemeinschaft, jugendlich, mobil, weit gereist, finanziell gut gestellt und städtisch. Besucherinnen und Besucher der Starbucks-Läden erfahren Konnektivität, soziale Anerkennung und haben Zugang zum Internet. Starbucks verwirklicht das Konzept eines dritten Ortes neben dem zu Hause und Arbeitsplatz, an dem die Menschen sich wohlfühlen. Gleichzeitig kann durch die große Auswahl an Getränken die eigene Individualität betont werden. Starbucks ist ein Unternehmen aus den USA, das sich ab Mitte der 1990er Jahre über Amerika hinaus global ausbreitete. Im Jahre 2002 wurden die ersten zwei Filialen in Berlin eröffnet. Weitere Filialen in anderen Großstädten und an internationalen Flughäfen folgten. Es sind die Orte der Zielgruppe: Junge Städter und Reisende, die in dem Symbol einen Garanten für gleichbleibende Qualität, ein angenehmes Umfeld und einen Internetzugang sehen. Mit zunehmendem Bekanntheitsgrad wurde das Logo der Meerjungfrau immer wieder verändert, um es international anzupassen, bis schließlich der Schriftzug seit 2011 ganz weggefallen ist. Die Meerjungfrau reicht als Erkennungszeichen aus.

Eine Karte der Starbucks-Filialen nach Häufigkeiten zeigt eben diese Konzentration auf Großstädte wie Berlin, München, Hamburg, Frankfurt oder in Ballungsräumen wie dem Ruhrgebiet. Einzelne Filialen streuen über ganz Deutschland, einschließlich Dresden, Leipzig oder Rostock. Doch lässt sich eine deutliche Konzentration im Südwesten des Landes erkennen. Orte wie Grafenwöhr oder Ramstein mit unter 7000 Einwohnern passen nicht in das Bild der Zielgruppe. Dies sind Standorte des US Militärs. Kartiert man die aktiven Basen in Deutschland, so zeigt sich eine Übereinstimmung im Südwesten Deutsch-

← Die Verteilung von Starbucks & Co. in Deutschland nach Häufigkeiten und der US Militärstandorte in Deutschland (Karte: J. Kneisel).

lands. Offensichtlich spielt neben dem jung-dynamischen städtischen Publikum auch der Heimateffekt für Angehörige des US-Militärs eine Rolle, denn nur so lässt sich der Starbucks in Spangdahlem, einem Ort mit knapp 1000 Einwohnern, erklären. Starbucks ist somit ein Label, dass auf zwei Ebenen funktioniert. Zum einen steht es in Deutschland stellvertretend für die amerikanische Kultur (als eines von vielen Dingen). Zum anderen verbindet es sich mit einer sozialen Gruppe, die das Tragen der Meerjungfrau auf einem Kaffeebecher mit einem bestimmten Lebensgefühl verbindet. Die Meerjungfrau symbolisiert die Konnektivität dieser Gruppe, bringt Prestige und ein Zugehörigkeitsgefühl.

An dieser Stelle sollen noch zwei weitere Labels genannt werden: Hard Rock Café und Häagen-Dazs. Das Hard Rock Café startete seine Geschäfte wie Starbucks Anfang der 1970er Jahre und breitete sich von London über Nordamerika bis nach Europa aus. Der erste deutsche Ableger wurde 1992 in Berlin eröffnet. Auch hier wird ein Lebensgefühl vermittelt: Amerikanisches Essen, Musik und Ausstellungsstücke aus der Musikszene machen den Besuch zu einem besonderen Erlebnis. Jedoch ist die Zielgruppe eine ältere. Insgesamt kleiner als Starbucks, gibt es nur vier Filialen, die sich auf die vier größten Städte Deutschlands verteilen: Berlin, Hamburg, München und Köln. Häagen-Dazs ist ebenfalls ein amerikanisches Produkt, dass seit den 1990er Jahren mit seinen Cafés verstärkt auch in Europa und Asien expandiert. Bereits seit Ende der 1980er Jahre gibt es das hochpreisige Speiseeis in Deutschland. Anders

← Gesichts-, Haus- und Kistenurnen sowie Vogelfiguren der späten Bronze- und frühen Eisenzeit (1100-500 v.u.Z.).

1. Gesichtsurne, Rzadkowo, Polen (Foto: A. Heimann, CAU Kiel).

2. Gesichtsurne, Bilsen, Schleswig-Holstein (Foto: S. Jagiolla, CAU Kiel).

3. Hausurnen, Sachsen-Anhalt (Foto: K. Göken, Museum für Vor- und Frühgeschichte, Staatliche Museen zu Berlin).

4. Kistenurne, Schleswig-Holstein (Foto: Museum für Archäologie Schloss Gottorf, Landesmuseen Schleswig-Holstein).

5. Vogelfigur, Polen (Foto: T. Skorupka, Archäologisches Museum Poznań).

als Starbucks ist die amerikanische Herkunft nicht am Namen erkennbar. Gewollt ist die Anlehnung an das Dänische, als eine Art europäisches Gütesiegel. Inzwischen gibt es 18 Filialen in Deutschland, davon sechs in Berlin und vier in Frankfurt. Die anderen verteilen sich auf Großstädte. Die einzige Ausnahme bildet der Standort Wustermark, eine Kleinstadt in Brandenburg mit knapp 10.000 Einwohnern im Speckgürtel von Berlin. Das Café ist in einem Outlet-Center untergebracht und damit an Handel und Markentourismus gebunden. Aufgrund seiner Hochpreisigkeit ist auch hier ein gewisses Prestige mit dem Verzehr des Eises verbunden. Gleichzeitig verhält man sich gesundheitsbewusst und ökologisch korrekt, da dieses Eis damit wirbt, frei von Zusatzstoffen zu sein.

Alle drei Marken werben mit einem Logo, das einen hohen Wiedererkennungseffekt hat und im Fall von Starbucks und Hard Rock Café auch mit lokal geprägten Souvenirs verknüpft ist. T-Shirts oder Kaffeebecher, die das Symbol des Unternehmens mit dem Städtenamen verbinden, verschaffen dem Träger ein gewisses Prestige. Die Klientel gehört zu unterschiedlichen Gruppen mit einer jeweils gemeinsamen Konnektivität. Doch gibt es einen gemeinsamen Nenner. Zum einen ist das die Verortung in Großstädten als Schmelztiegel und Tourismuszentren, an denen eine Interkonnektivität gegeben ist. Zum anderen ist es die Lage abseits der Zentren in Regionen, wo sich Fremde angesiedelt haben, die ihre heimische Kaffeetradition pflegen möchten, wie Rammstein und Spangdahlem. Ein dritter Standortfaktor sind Orte mit einer besonderen Ressource, wie das Outlet Center in Wustermark, zu der viele Menschen kommen.

Vor 3000 Jahren: Gesichtsurnen & Co.

Diese räumlichen Verknüpfungen zwischen Logo und Symbol für ein Lebensgefühl lassen sich auch in der Bronze- und Eisenzeit Europas verfolgen. Die Zeit zwischen 1100 und 600 v.u.Z. umfasst das Ende der Bronzezeit und den Beginn der Eisenzeit. Längst ist die Vernetzung quer durch Europa erfolgt. Rohstoffe wie Kupfer und Zinn, aber auch Gold, Bernstein oder Salz sind zu wichtigen Handelswaren geworden. Die Seltenheit der Ressourcen macht weite Reisen sowie Zwischenhändler zwischen Rohstoffquellen und Endabnehmern notwendig.

Ab 1100 v.u.Z. entwickelt sich in einem der bronzezeitlichen „Ballungsräume" eine Bestattungssitte, die Gesichter auf Urnen formt. Die Urnen werden damit vermenschlicht. Das langhalsige und bauchige Gefäß wird durch das Gesicht zu einem Körper, der den menschlichen Leichenbrand umschließt. Die anfangs eher undeutlichen und kleinen Gesichter werden mit der Zeit immer größer. Ab 900 v.u.Z. verbreitet sich die Sitte dieser Bestattung im Ostseeraum und nach Mitteldeutschland. Etwas später finden sich erste Gefäße auch in Nordpolen und Italien. Die Gesichter sind unterschiedlich ausgeprägt und vari-

» Für die Kisten-, Haus- und Gesichtsurnen zeigt sich, ähnlich wie bei Starbucks, Hard Rock Café und Häagen-Dazs, eine Verbindung in Zentren, an denen unterschiedliche Vorstellungswelten zusammentreffen und spezifische Bestattungsformen gepflegt werden. «

ieren stark. Eine andere Urnenform dieser Zeit sind Hausimitationen aus Ton, sogenannte Hausurnen, die in Italien ab dem 14. Jahrhundert v.u.Z. belegt sind. Ab dem 9. Jahrhundert kennen wir sie aus Mitteldeutschland, Skandinavien und Polen. Eine dritte Urnenform stammt aus Brandenburg und ist vor allem an der Spree und Havel verbreitet. Es handelt sich um Tonkisten, die den Leichenbrand enthalten. Die rechteckige Form ist ungewöhnlich und setzt besonders beim Deckel töpferisches Können voraus. Ein wichtiges Symbol der späten Bronzezeit und frühen Eisenzeit ist der Vogel. Mit dem Bestattungsritual verknüpft sind tönerne Vögel oder Vogelklappern, die vor allem in Brandenburg und Großpolen, aber auch in Süddeutschland auf den Gräberfeldern gefunden werden. Vogeldarstellungen in Form von Ritzungen finden sich auch vereinzelt auf Urnen in Polen, Deutschland und Skandinavien.

Diese vier unterschiedlichen Formen der Bestattungssitte sind nicht gleichmäßig verteilt. Jede Urnenform weist ein anderes Verbreitungsgebiet auf, und zwischen den einzelnen Vorkommen liegen größere Lücken. Dennoch gibt es Überlappungen in Kleinregionen, in denen mindestens zwei der drei Urnenformen vorkommen. Es sind Regionen wie Nordjütland, Dithmarschen in Schleswig-Holstein, das Nordharzgebiet oder Fundregionen um Seddin, Brandenburg und Schwanebeck, Mecklenburg-Vorpommern. Alle diese Kleinregionen zeichnen sich durch eine auffällige Konzentration von Bronzefunden aus, die für ein lokales Zentrum mit weitreichenden Austauschverbindungen stehen. Gleichzeitig sind es ressourcenreiche Regionen mit Bernstein (Nordjütland, Albersdorf, Nordpolen) oder Salz (Harzgebiet) oder Regionen, die an Austauschrouten zwischen Schweden und den Alpen (Kupfer) liegen, wie Seddin oder Schwanebeck. An diesen Orten treffen verschiedene Vorstellungswelten aufeinander und finden Ausdruck in unterschiedlichen Bestattungsformen. Diese Zentren bilden ein Netzwerk und sind durch Routen verbunden, auf denen Rohstoffe zwischen Skandinavien und Italien und auf dem Seeweg im Baltikum verhandelt und getauscht werden. In den Regionen dazwischen sind andere Bestattungsformen populär bzw. bestimmen den rituellen Alltag, wie beispielsweise die Vogelfiguren. Diese Gruppen sind eher nach Süden und Südwesten orientiert und nicht nach Norden.

Für die Kisten-, Haus- und Gesichtsurnen zeigt sich, ähnlich wie bei Starbucks, Hard Rock Café und Häagen-Dazs, eine Verbindung in Zentren, an denen unterschiedliche Vorstellungswelten zu-

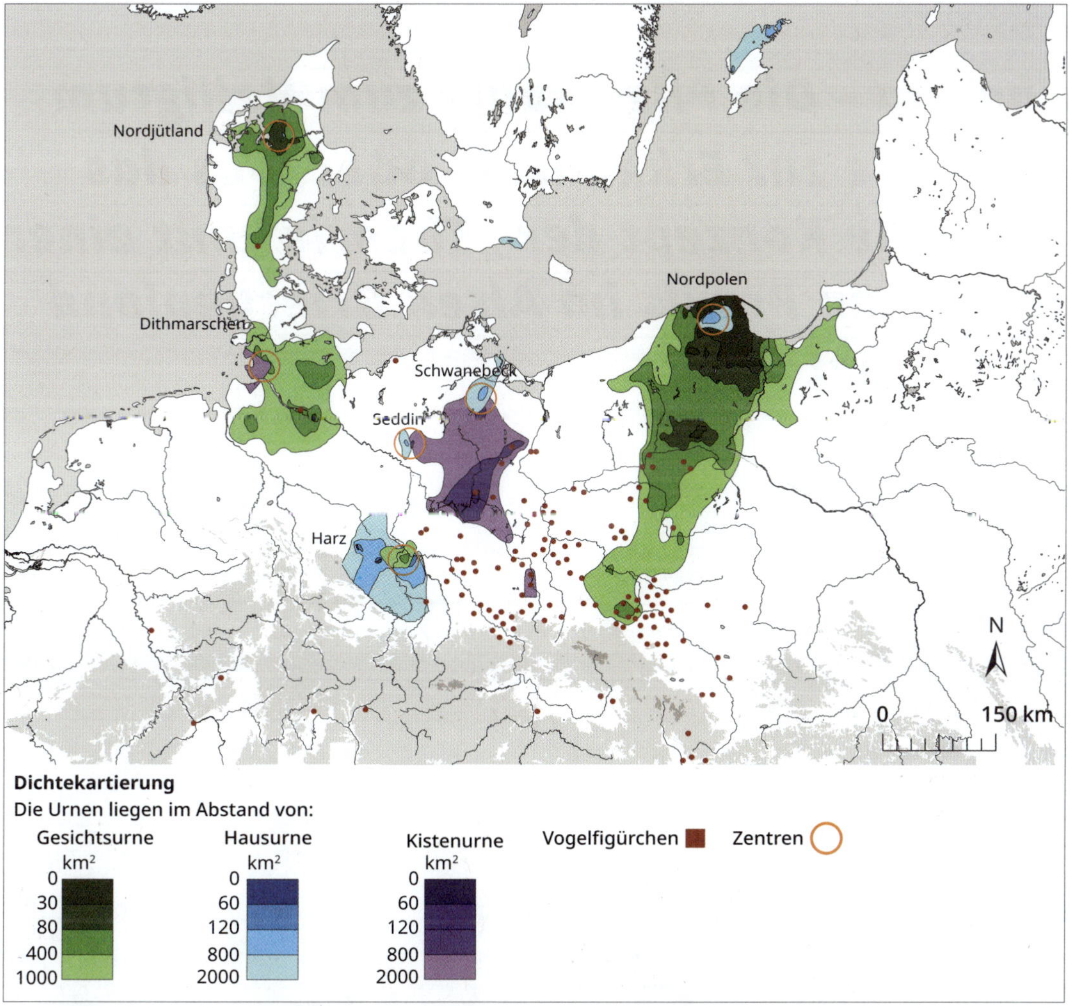

sammentreffen und spezifische Bestattungsformen gepflegt werden. In diesen Zentren kommen während der jüngeren Bronze- und beginnenden Eisenzeit Menschen aus unterschiedlichen Regionen zusammen, tauschen Güter, Ideen, Wissen und Vorstellungswelten aus, die ihren Widerhall im reichen archäologischen Fundgut der Kleinregionen finden. Die Region und die Menschen profitieren von der Interkonnektivität. ◆

↑ Die Verteilung von Gesichts-, Haus- und Kistenurnen und Vogelplastiken. Die Urnen sind nach Dichte des Vorkommens kartiert. Zentrale Regionen mit Überlappungen von mehreren Urnentypen sind gelb markiert (Karte: J. Kneisel).

Lutz Käppel

Theoria – Die Pilgerfahrt zum Heiligtum als Reise zur Erkenntnis oder *Was das moderne Konzept der „Theorie“ mit einer religiösen Praxis im Alten Griechenland zu tun hat*

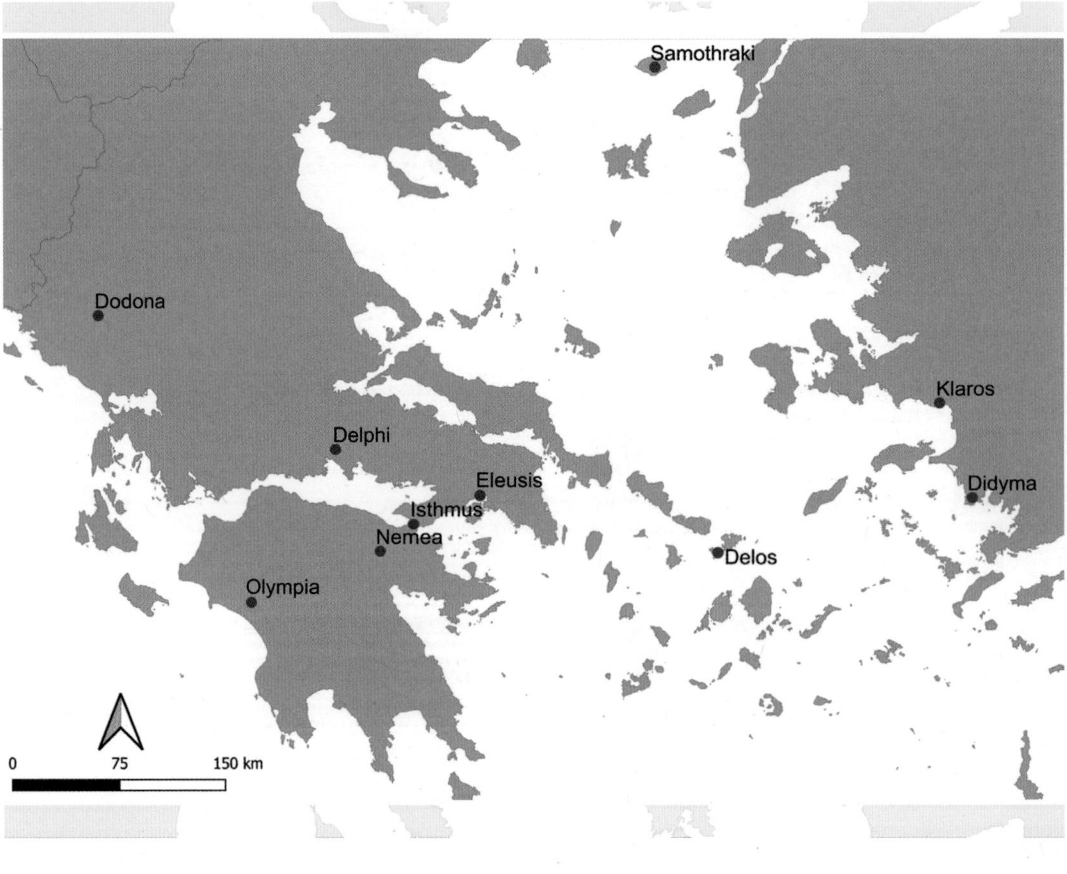

Theorie und Praxis, Theorie und Modell, Theorien und Daten – kaum ein Begriff steht so sehr im Kern aller Konzepte von Wissen wie der Begriff der Theorie: im normalen Alltag wie auch in den strengsten Disziplinen der Wissenschaft. Was eine Theorie ist, scheint oberflächlich betrachtet klar: „Eine Theorie ist [...] eine durch Denken gewonnene Erkenntnis im Gegensatz zum durch Erfahrung gewonnenen Wissen. In der Wissenschaft bezeichnet Theorie [...] ein System wissenschaftlich begründeter Aussagen, das dazu dient, Ausschnitte der Realität und die zugrundeliegenden Gesetzmäßigkeiten zu erklären [...]" (so z. B. Wikipedia s.v. „T."). Weitergehende wissenschaftstheoretische Entwürfe differenzieren dieses Bild und kommen ihrerseits zu höchst theoretischen Theorien von Theorie anhand aktueller Verwendungen und Konzepte. All den modernen Auffassungen scheint dabei weithin gemein zu sein, dass sie das Faktisch-Statische einer vorliegenden Theorie betonen, nicht zuletzt um sie als Begründungsinstrument vom Prozessualen und Veränderlichen der Praxis, der Realität, den Daten etc. ***abzuheben.***

Umso mehr führt ein Blick auf die historischen Wurzeln des Begriffs zu einem überraschenden Befund: Das griechische Wort *theoria* bezeichnete nämlich ursprünglich eine rituelle Festgesandtschaft und ihre Fahrt zu einem der großen griechischen Heiligtümer der Antike: Delos, Didyma, Klaros, Dodona, Eleusis, Samothrake mit ihren Orakel-, Mysterien- oder Stammesfesten, aber auch Olympia, Delphi, Nemea und Isthmia mit ihren ‚Sport'-festen waren die bevorzugten Ziele. Regelmäßig – meist einmal im Jahr, wie nach Delos, aber auch alle vier Jahre, wie nach Olympia – begaben sich Festgesandtschaften *(theoriai)* aus den griechischen Stadtstaaten (Poleis) zu den Götterfesten dieser Zentralheiligtümer. Sie etablierten auf diese Weise ein Netzwerk politisch-religiöser Beziehungen, das die griechischen Poleis nicht nur mit eben diesen Heiligtümern, sondern auch untereinander verband. In Form von ‚Zentren' (Heiligtümer), ‚Knotenpunkten' (Poleis) und ‚Verbindungen' *(theoriai)* formierte sich so ein lebendig-dynamisches Netzwerk von religiös-politischen ‚Konnektivitäten', auf dem letzten Endes die griechische Identität als kulturell-religiöses Konstrukt beruhte.

Das Wort *theoria* selbst geht auf *theorós*, den ‚Festgesandten', zurück, was wiederum vom Verb *theáomai*, ‚schauen' abgeleitet ist. Die *theoroí* reisten

← Wichtige Ziele von *theoroí* in Griechenland (nach I. Rutherford 2013, 8).

← Büste des Solon von Athen (ca. 640-560 v.u.Z.): Kopie nach griechischem Original (ca. 110 v.u.Z.) im Archäologischen Nationalmuseum in Neapel (Foto: © CC BY-SA 3.0; vgl. https://en.wikipedia.org/wiki/Solon).

↑ Aristoteles-Porträt in moderner Büste, römische Kopie nach einer Skulptur des Bildhauers Lysipp, Rom, Palazzo Altemps (Foto: Public Domain; vgl. https://en.wikipedia.org/wiki/Aristotle#/media/File:Aristotle_Altemps_Inv8575.jpg).

also zu den jeweiligen Heiligtümern und ‚schauten' bei den Opferritualen, musischen Aufführungen oder sakralen Sportwettkämpfen zu. Ihre Tätigkeit wiederum wird durch das davon abgeleitete Verbum *theoréo* bezeichnet, das nun nicht mehr nur das ‚Schauen' selbst beinhaltet, sondern die gesamte *theoria* vom Aufbruch über die Reise bis hin zur Teilnahme am Ritual mit seiner religiösen Show. Hauptziel und Höhepunkt der gesamten Unternehmung war es freilich, eben dieser ‚Show' zuzu‚schau'en. Schließlich war sie danach benannt. Es gehört nicht viel Phantasie dazu, sich vorzustellen, dass für die einzelnen Teilnehmer, die oft aus abgelegenen kleinen Gemeinden kamen, gesamtgriechische religiöse Großveranstaltungen wie das Apollonfest auf Delos oder die Olympischen Spiele mit ihren pompös inszenierten Ritualen eindrückliche Erlebnisse darstellten: Man fuhr dorthin, um d a s zu sehen.

Bereits früh begann nun das Wort *theoria* jenseits dieser spezifischen Anwendung ein ‚Eigenleben' zu entwickeln. Das wohl eindrücklichste Beispiel dafür sind die vermeintlichen Bildungsreisen des athenischen Staatsmannes Solon. Er war nicht nur Politiker, sondern auch Dichter und galt als

» Bereits früh begann das Wort *theoria* jenseits dieser spezifischen Anwendung ein ‚Eigenleben' zu entwickeln. «

einer der sogenannten Sieben Weisen. Da in der Tradition zum Bild des Weisen in archaischer Zeit das Reisen in ferne Länder gehörte, soll auch er sich nach seiner Verfassungsreform im frühen 6. Jahrhundert v.u.Z. auf Reisen nach Ägypten, Zypern und Kleinasien begeben haben. Der Historiker Herodot (spätes 5. Jahrhundert v.u.Z.) berichtet nun im 1. Buch seiner Historien, dass sich Solon, um nach der Verfassungsreform nicht zu einer Änderung einzelner Elemente seines Gesetzeswerkes gezwungen werden zu können, für zehn Jahre außer Landes begab und unter dem Vorwand einer *theoria* mit dem Schiff abgefahren sei. So sei er nach Ägypten und schließlich in die Stadt Sardes (in der heutigen Westtürkei) zu König Kroisos gelangt, wo er tiefsinnige Gespräche über das menschliche Glück geführt habe. Interessant an Herodots Schilderung ist nun aber, dass aus dem ‚Vorwand' der *theoria* zusehens eine Übertragung des Wortes von der terminologisch engen Bedeutung der Pilgerfahrt auf einen allgemeinen Bildungswert des Reisens erfolgt: Solons Reise zu den Sehenswürdigkeiten der Welt ist am Ende die *theoria*. Daher lässt Herodot den Kroisos seinen Gast Solon sogar mit den Worten begrüßen: „Wir haben viel Kunde von dir erhalten wegen deiner *sophia*, deiner Klugheit, und deiner *pláne*, deines Umherschweifens: Als ein *philosophéon*, als ein Philosophierender (d. h. einer, der die Klugheit/das Wissen liebt), hast du um der *theoria* willen viele Länder der Erde bereist." Hier wird der Wunsch nach Wissenszuwachs durch Reisen ausgerechnet mit den beiden Schlüsselwörtern belegt, die in der Geschichte des wissenschaftlichen Denkens der Folgezeit die entscheidende Rolle spielen sollten: *philosopheîn* und *theoria* – Philosophie als Pilgerfahrt zur Schau. Übrigens heißt es etwas später im 4. Buch der Historien auch vom ägyptischen König Anacharsis, er habe ein großes Gebiet als *theorós* bereist.

Einen systematischen Ort in der Philosophie erhielt das Wort *theoria* erst mit Platon im 4. Jahrhundert v.u.Z. Ein gewisses Fundament hat diese Entwicklung wohl darin, dass schon vor ihm der Philosoph Anaxagoras die Betrachtung der Himmelskörper als *theoria* bezeichnet und zum Ziel allen Lebens erklärt haben soll. Auch war seit Parmenides die Reise und der Weg hinauf zur Wahrheit als Gedanke in der Philosophie durchaus präsent. Doch erst mit Platon wurde der Begriff der ‚Theorie' Teil des philosophischen Apparates. Er taucht immer dann auf, wenn der Weg aus dem Hier und Jetzt der materiellen Welt zu den rein geistigen Ideen und Prinzipien beschrieben und terminologisch fixiert werden soll. Zunächst ist das Wort *theoria* noch deutlich als Metapher erkennbar. So lässt Platon am Anfang seiner Schrift vom ‚Staat' Sokrates als *theorós* vor die Mauern der Stadt gehen, um das spektakuläre Bendis-Fest anzusehen – eine symbolische Vorwegnahme der Pilgerfahrt zu den Ideen, die im Höhlengleichnis im 7. Buch ihren Höhepunkt findet. Sokrates führt sein tiefsinniges Gespräch über die Unsterblichkeit der Seele im Gefängnis in Erwartung des Todes genau während der Zeit, zu der die athe-

» Besonders die Tatsache, dass ‚Theorie' um ihrer selbst betrieben wird, lässt sie als ebenbürtiges Pendant neben die alte sakrale *theoria* treten. «

nische *theoria* zum Apollonfest auf Delos unterwegs ist, was die Vollstreckung des Todesurteils verzögert. Auch sind die Beschreibungen des Aufstiegs der Seele zur Schau des Schönen oder zur Schau der Wahrheit der religiösen *theoria* den Mysterienfeiern in Eleusis nachgebildet. ‚Theoretische' Philosophie erfolgt für Platon dabei stets mit einer Loslösung aus dem Bekannten, einer Schau des Wahren sowie einer Rückkehr zum (und einer Neubewertung des) Bekannten. Philosophische Theorie ist damit philosophische Praxis ebenso wie die sakrale *theoria* in hohem Maße politisch-soziale Praxis war: kein umfassendes philosophisches Handeln ohne das kontemplative Element der ‚Schau' der Wahrheit.

Seinen endgültigen Platz in einem System von Wissenschaft findet das Element der Theorie bei Aristoteles. Laut seiner Texte zur „Metaphysik" ist für ihn theoretische Wissenschaft diejenige, die spekulativ nach den Prinzipien des Seins forscht: Mathematik, Physik, auch Theologie (Metaphysik 5, 1026a und 10, 1064b). *Theoria* als Tätigkeit der reinen Vernunft, des *Noûs*, stellt dabei die ideale, weil wahrhaft philosophische Lebensform dar, den *Bios theoretikós*, unterschieden vom *Bios politikós*, dem Leben in der Politik, und dem *Bios apolaustikós*, dem Genussleben. So umschreibt es Aristoteles in seinem als „Nikomachische Ethik" bekannten Werk. Ein wesentliches Moment ist die Zweckfreiheit der Theorie: Sie wird rein um ihrer selbst willen betrieben; insofern ist sie ‚frei' (Metaphysik. 1,981b. 982b) und wahrhaft göttlich (Nikomachische Ethik 10, 1177b). Damit gilt: „Die Theorie ist das Angenehmste und Beste" (Metaphysik 12,1072b).

Besonders die Tatsache, dass ‚Theorie' um ihrer selbst betrieben wird, lässt sie als ebenbürtiges Pendant neben die alte sakrale *theoria* treten. Insofern war auch Aristoteles sich des metaphorischen Charakters seiner Begriffswahl immer noch voll bewusst: Hier wie dort erweist sich die ‚Show' der Wahrheit – wie er es in seinem ‚Protreptikos', einer Werbeschrift für die Philosophie, selbst gesagt hat – als um ihrer selbst wertvoll (siehe Textkasten).

In der Neuzeit wandelte sich das Theoriebild dann freilich erheblich. Mit dem Aufkommen der modernen Naturwissenschaften bedurfte das Verhältnis zwischen Theorie und Empirie, Theorie und Praxis, Theorie und Wirklichkeit neuer Differenzierungen. Gleichwohl lohnt es sich wohl auch heute noch, bei dem Wort ‚Theorie' immer auch ein wenig die alte Ebene seines Ursprungs mitschwingen zu lassen: Eine regelmäßige Pilgerfahrt zur reinen Schau, ganz um ihrer selbst willen, einfach so. Und nach der Rückkehr zu den Phänomenen sieht man die Welt mit anderen Augen, wie die *theoroí*, die aus den griechischen Poleis auszogen, um nach ihrer Rückkehr ihre Stadt nach dem, was sie erlebt und gesehen hatten, ein klein wenig besser zu machen...◆

Aristoteles, Protreptikos

(B 44, übers. v. I. Düring)

Es darf uns daher nicht bekümmern, wenn sich das Philosophieren nicht als nützlich oder vorteilhaft erweist, denn wir behaupten in erster Linie nicht, es sei vorteilhaft, vielmehr es sei gut, und daß man es nicht um eines anderen, sondern um seiner selbst willen wählen soll. So wie wir nämlich nach Olympia reisen, um des Schauspieles selbst willen, auch wenn wir davon keinen anderen Gewinn haben (denn das Zuschauen ist an sich mehr wert als viel Geld), und wie wir die dramatischen Aufführungen an den Dionysien nicht deshalb betrachten, um etwas von den Schauspielern einzunehmen – wir geben sogar Geld dafür aus –, und wie wir viele andere Schauspiele höher schätzen als eine Menge Geld, so wird man auch die Betrachtung des Weltalls höher achten als alle jene Dinge, die nach der allgemeinen Ansicht als nützlich gelten. Es kann gewiss nicht richtig sein, daß man viel Mühe auf Reisen zu Leuten verwendet, die <auf der Bühne> als Frauen und Sklaven auftreten oder <in Olympia> kämpfen und laufen, andererseits aber meint, daß man die Natur der Dinge und die Wahrheit nicht ohne Entgelt betrachten solle. ■

Henny Piezonka

Wege zwischen den Welten – Die rituelle Ökologie von Flüssen

In den borealen Wäldern der nördlichen Hemisphäre sind Flüsse seit vielen Jahrtausenden das wichtigste Landschaftsmerkmal im Zusammenhang mit der Mobilität der Menschen und ihren dynamischen Lebenswelten. In einigen Regionen ist dies bis heute der Fall, zum Beispiel in den Weiten der sibirischen Taiga, wo indigene Gruppen nach wie vor ein teilweise mobiles Leben als Jäger-Fischer und Rentierzüchter führen. Die Vielzahl von Gewässern in solchen dicht bewaldeten Umgebungen entspricht im Grunde einem verzweigten System von Wegen und Pfaden, das den Menschen zur Verfügung steht, wenn sie von A nach B gelangen wollen. Im Sommer erfolgt die Fortbewegung und der Transport per Boot, und in der kalten Jahreszeit verwandeln sich die Flüsse in vereiste Straßen.

Flusswege sind für die Menschen in diesen Regionen von so großer Bedeutung, dass sie eine Grundeinheit für die Vorstellung von räumlichen und sozialen Strukturen bilden: Entfernungen werden in der Anzahl von Flussbiegungen angegeben. Eine Erklärung zur Lage eines spezifischen Ortes bei der sibirischen indigenen Gruppe der Selkupen wäre z.B.: „Unsere alte Sommerstation liegt an der 7. Biegung." Sowohl in der nordamerikanischen als auch in der nordeurasischen Waldzone sind die Bevölkerungen in Verwandtschaftsgruppen strukturiert, die mit den jeweiligen Flusseinzugsgebieten zwischen den Wasserscheiden verbunden sind. Ethnisch-sprachliche Gemeinschaften werden nach Flüssen identifiziert und benannt (z.B. die Taz-Selkupen nach dem Fluss Taz oder die Jugan-Chanten nach dem Fluss Jugan). Neben diesen verbindenden und kategorisierenden Funktionen können Flüsse auch Grenzen darstellen, die an Furten oder Brücken überquert werden müssen. Sie verkörpern darüber hinaus den stetigen Übergang vom Oberlauf zum Unterlauf, und Flussmündungen können wichtige Treffpunkte und Knotenpunkte in vernetzten Kommunikationssystemen sein. Eng verbunden mit den jahreszeitlichen Zyklen, überschneiden sich an solchen Orten räumliche und zeitliche Kategorien.

← Zelt eines selkupischen Fischers am Fluss Taz, Sommer 2020. In der sibirischen Taiga sind Mobilität, Lebenswelten und Kosmologien tief mit Flüssen verwoben (Foto: A. Novikov, IAE SB RAS, Novosibirsk).

Flüsse verbinden Welten

In den traditionellen Lebenswelten in der Waldzone sind Flüsse als lineare und Verbindungen herstellende Strukturen jedoch noch viel mehr. Wie der britische Anthropologe Tim Ingold es ausdrückte, ist „jede Linie eine Beziehung [...] nicht *zwischen* einer Sache und einer anderen [..., sondern] eher eine Linie, *entlang* derer Materialien fließen, sich vermischen und mutieren". In diesem Sinne sind Flüsse integrale Bestandteile des kosmologischen Geflechts, in dem indigene Gemeinschaften leben, sowohl in der nordeurasischen Taiga als auch in anderen dicht bewaldeten Gebieten.

In der Kosmologie der Chanten und anderer Jäger- und Fischergruppen Westsibiriens entspricht der Lauf eines Flusses dem dreiteiligen Aufbau ihrer Welt: Der Oberlauf ist mit der Oberwelt, der Welt des Heiligen verbunden, die sich im Süden befindet und mit dem Himmel gleichgesetzt wird. Die Ufersiedlungen der lebenden Menschen sind Teil der mittleren Welt, der Menschenwelt. Und der Unterlauf führt in die Unterwelt, den Norden, das Reich der Toten und der gefährlichen Geister. Anthropologen wie der russische Forscher Vladimir Adaev sehen in diesem System die Widerspiegelung eines alten, horizontal gegliederten Weltkonzepts, das in der heutigen Kosmologie der Taigagruppen mit einer vertikalen Einteilung in Ober-, Mittel- und Unterwelt kombiniert wird. Die Flüsse und Gewässer in der Taiga sind die Heimat von Geistern, die für die Menschen ungünstig oder sogar gefährlich sein können, indem sie z.B. die saisonalen Fischzüge beeinflussen. Daher gibt es an heiligen Orten entlang der Flüsse eine Vielzahl von Tabus und Verboten, z. B. hinsichtlich des Zugangs bestimmter Gruppen wie Frauen zu gewissen Orten, aber auch in Form von Fischerei- und Jagdtabus.

Die Landschaften der Vergangenheit verstehen

In einer ethno-archäologischen Studie bei den Jugan-Chanten beschreibt der britische Archäologe Peter Jordan zahlreiche Zusammenhänge zwischen den Eigenschaften und der Rolle der Flüsse innerhalb der Kosmologie und ihren Erscheinungsformen als physische Muster in der Kulturlandschaft. So gilt es beispielsweise als unglücklich, eine neue Siedlung oder Behausung flussabwärts von der alten zu gründen. Flussaufwärts finden sich also immer die jüngeren Häuser. Das zeigt, wie die kosmologisch bedeutende Fließrichtung des Flusses die Wahl neuer Wohnstandorte beeinflusst. Ebenso befinden sich Friedhöfe nie flussaufwärts von nahe gelegenen Siedlungen, und die Verstorbenen werden mit dem Kopf nach Norden, in Richtung des Unterlaufs, bestattet.

Wir haben gesehen, wie innerhalb einer umfassenderen Kosmologie einer beseelten Welt die sakrale Ökologie der Flüsse eng mit der (Wieder-) Herstellung und Umwandlung sozialer, praktischer und symbolischer Räume verwoben sein kann. Diese Praktiken und das Expertenwissen der heutigen modernen Jäger und Fischer in den Wäldern des Nordens bieten ein großes Potenzial für ein besseres Verständnis auch archäologischer Muster. Zum Beispiel können Studien über Lebensweisen mittelsteinzeitlicher Jäger und Fischer in den nacheiszeitlichen Wäldern Mittel- und Nordeuropas von diesen modernen Beispielen profitieren, da sie die Rolle von Flüssen als Verbindungen, Ströme und Beziehungslinien und nicht als physische und mentale Grenzen veranschaulichen. Die räumlichen Muster markanter archäologischer Merkmale, die von steinzeitlichen Jägern und Fischern hinterlassen wurden, wie z. B. Siedlungsplätze und Gräber, können angesichts der oben beschriebenen symbolischen, rituellen und praktischen Verflechtungen umfassender bewertet und verstanden werden. So können wir Archäologen, die biographisch meist in städtischen Industriegesellschaften verankert sind, lernen, uns den Fremden der Vergangenheit und ihren dynamischen Wegen und Routen durch die Waldwelten besser zu nähern. ◆

↓ Aus dem Hubschrauber auf dem Weg zur Feldarbeit in der nördlichen Taiga hat man einen wunderbaren Blick auf die Taigaflüsse (Foto: J. Schneeweiß).

» In der Kosmologie der […] Jäger- und Fischergruppen Westsibiriens entspricht der Lauf eines Flusses dem dreiteiligen Aufbau ihrer Welt:

Der Oberlauf ist mit der Oberwelt, der Welt des Heiligen verbunden […]. Die Ufersiedlungen der lebenden Menschen sind Teil der mittleren Welt, der Menschenwelt. Und der Unterlauf führt in die Unterwelt, […] das Reich der Toten und der gefährlichen Geister. «

↑ Einheimische selkupische Jäger und Fischer erledigen ihre Aufgaben im Nahbereich mit dem Holzboot (Foto: C. Engel, Berlin).

Kapitel 6:

Fazit und Ausblick

Lutz Käppel, Henny Piezonka, Andrea Ricci

Entlang des Weges – Ein Blick zurück nach vorn

Menschen und Räume sind und waren stets verbunden durch Routen: Pfade, Wege, Straßen – zu Lande, zu Wasser, bisweilen sogar durch die Luft, über Stock und Stein ebenso wie über Holzbohlen, Pflaster und Asphalt. Ihnen folgten Tiere und Menschen, sie lenkten die Verbreitung von Rohstoffen und Gütern, sie bestimmten die Bahnen, in denen Menschen vor Not und Gefahren flohen, sie bildeten die physischen und imaginierten Adern von Netzwerken zwischen Gemeinschaften. Die Wurzeln dieser menschlichen Routen, die wir in diesem Booklet freigelegt haben, führen zurück bis ins Paläolithikum um 15.000 v.u.Z.: Modernste Forschungsmethoden konnten längst vom Meer überspülte Jagdrouten steinzeitlicher Rentierjäger vor der Küste Helgolands identifizieren. Die sogenannte ‚Neue Seidenstraße' zwischen Asien und den Ländern Afrikas und Europas hatte nicht einen, sondern viele Vorgänger, die bis tief ins Altertum zurückreichen. Auch Isolierung und Brüche von ehemals etablierten Routen, wie die der ‚Wikinger auf Abwegen', haben sich als Richtungsgeber von kultureller Entwicklung erwiesen, indem Diasporasituationen teils als Bewahrung altererbter Kultur, teils als Innovationsimpuls wirkten.

Diese und die vielen weiteren Beispiele im vorliegenden Booklet verdeutlichen, wie sehr die Entwicklungen menschlicher Gesellschaften von den Routen bestimmt sind, über die sie sich verbinden – oder eben nicht verbinden. Moderne, in der urban-industrialisierten Erfahrung (bzw. Agenda) gründende Narrative von einer grenzenlosen, offen verfügbaren Welt können Risse bekommen, wenn wir tief in die Vergangenheit blicken. Es sind die Pfade, die ganz konkreten Verbindungen im materiellen wie im geistigen Sinne, die das Leben der Menschen, ihr Dasein und ihre Entwicklung in der Welt prägen. Kommunikation und Dialog entlang der Routen und Netzwerke müssen aufrechterhalten werden, denn sie waren und sind der Garant für ein gutes Zusammenleben der Menschen in dieser Welt. Gerade sie sind jedoch immer auch gefährdet und bedürfen der aufmerksamen Pflege.

In diesem Sinne ist einer jeder Blick zurück stets auch ein Blick nach vorn … ◆

Übersichtskarte der Themen

1 /

Globalisierung? Welche Globalisierung??
von Tim Kerig

2 /

Wege in der Landschaft – Ökologische und soziale Bedingungen für den Austausch von Waren, Ideen und Menschen in der Vergangenheit
von Walter Dörfler

3 /

Gemeinsam unterwegs – Die Verflechtung von menschlichen und tierischen Wanderungen
von Henny Piezonka und Karolina Varkuleviciute

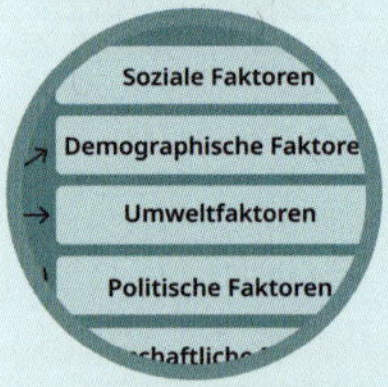

4 /

Klimaflucht
von Mara Weinelt

5 /

Versunkene Pfade in der Nordsee – Auf den Spuren spätpaläolithischer Rentierjäger vor der Küste Helgolands von Berit Valentin Eriksen und Wolfgang Rabbel

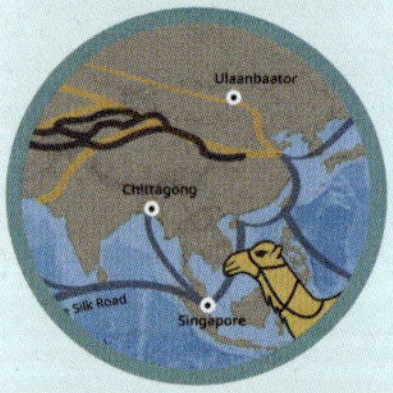

6 /

Ursprünge der Seidenstraße
von Johanna Hilpert und Jutta Kneisel

7 /

„On the Road Again": Reisewege durch Jütland – Der Ochsenweg, eine jahrtausendealte Route
von Jutta Kneisel, Bente Majchczack, Franziska Engelbogen, Anna K. Loy, Oliver Nakoinz

8 /

Wandeln auf alten Pfaden – Nutzen wir noch immer keltische Wege?
von Franziska Engelbogen

9 /

Gekappte Verbindungen – Drei Wikinger auf Abwegen
von Jens Schneeweiß und Henny Piezonka

10 /

Rind und Wagen – der erste „Wilde Westen" in Europa? Die Innovation „Rad" zwischen Ostsee und Schwarzem Meer 3500-2500 v.u.Z.
von Johannes Müller

11 /

Wege übers Moor
von Jan Piet Brozio

12 /

Der Weg zum Reichtum – Bernsteinstraßen im bronzezeitlichen Europa
von Benjamin Serbe und Khurram Saleem

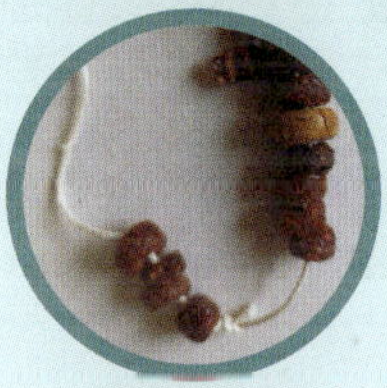

13 /

Die Analyse von Bernstein
von Khurram Saleem und Benjamin Serbe

14 /

Die Macht des Wassers – Konnektivität durch Wasser in Mesopotamien
von Andrea Ricci

15 /

Wie kam Buddha zu den Nordmännern nach Schweden?
von Jens Schneeweiß

16 /

Am Ende des Weges – Was Gräber uns über Netzwerke und Kontakte in der Urgeschichte verraten von Fynn Wilkes und Henry Skorna

17 /

Meerjungfrauen, Gesichter, Häuser und Vögel – Symbole der Konnektivität
von Jutta Kneisel

18 /

Theoria – Die Pilgerfahrt zum Heiligtum
von Lutz Käppel

19 /

Wege zwischen den Welten – Die rituelle Ökonomie von Flüssen
von Henny Piezonka

Autorinnen und Autoren

Jan-Piet Brozio

Institut für Ur- und Frühgeschichte, Christian-Albrechts-Universität zu Kiel

Berit Valentin Eriksen

Exzellenzcluster ROOTS, Christian-Albrechts-Universität zu Kiel / Zentrum für Baltische und Skandinavische Archäologie, Stiftung Schleswig-Holsteinische Landesmuseen Schloss Gottorf

Walter Dörfler

Exzellenzcluster ROOTS / Institut für Ur- und Frühgeschichte, Christian-Albrechts-Universität zu Kiel

Johanna Hilpert

Institut für Ur- und Frühgeschichte, Christian-Albrechts-Universität zu Kiel

Franziska Engelbogen

SFB 1266 / Institut für Ur- und Frühgeschichte, Christian-Albrechts-Universität zu Kiel

Lutz Käppel

Exzellenzcluster ROOTS / Institut für Klassische Altertumskunde, Christian-Albrechts-Universität zu Kiel

Tim Kerig

Exzellenzcluster ROOTS / Institut für Ur- und Frühgeschichte, Christian-Albrechts-Universität zu Kiel

Bente Sven Majchczack

Exzellenzcluster ROOTS / Angewandte Geophysik, Institut für Geowissenschaften, Christian-Albrechts Universität zu Kiel

Jutta Kneisel

Exzellenzcluster ROOTS / Institut für Ur- und Frühgeschichte, Christian-Albrechts-Universität zu Kiel

Johannes Müller

Exzellenzcluster ROOTS / Institut für Ur- und Frühgeschichte, Christian-Albrechts-Universität zu Kiel

Anna K. Loy

Young Academy, Exzellenzcluster ROOTS / Institut für Ur- und Frühgeschichte, Christian-Albrechts-Universität zu Kiel

Oliver Nakoinz

Exzellenzcluster ROOTS / Institut für Ur- und Frühgeschichte, Christian-Albrechts-Universität zu Kiel

Henny Piezonka

Prähistorische Archäologie, Freie Universität Berlin

Khurram Saleem

Young Academy, Exzellenzcluster ROOTS / Institut für Materialwissenschaft Christian-Albrechts-Universität zu Kiel

Wolfgang Rabbel

Exzellenzcluster ROOTS / Angewandte Geophysik, Institut für Geowissenschaften, Christian-Albrechts Universität zu Kiel

Jens Schneeweiß

Exzellenzcluster ROOTS, Christian-Albrechts-Universität zu Kiel / Zentrum für Baltische und Skandinavische Archäologie, Stiftung Schleswig-Holsteinische Landesmuseen Schloss Gottorf

Andrea Ricci

Exzellenzcluster ROOTS / Institut für Ur- und Frühgeschichte, Christian-Albrechts-Universität zu Kiel

Benjamin Serbe

Young Academy, Exzellenzcluster ROOTS / Institut für Ur- und Frühgeschichte, Christian-Albrechts-Universität zu Kiel

Henry Skorna

Young Academy,
Exzellenzcluster
ROOTS / Institut für
Ur- und Frühgeschichte,
Christian-Albrechts-
Universität zu Kiel

Fynn Wilkes

Young Academy,
Exzellenzcluster
ROOTS / Institut für
Ur- und Frühgeschichte,
Christian-Albrechts-
Universität zu Kiel

Karolina Varkuleviciute

Young Academy,
Exzellenzcluster
ROOTS / Institut für
Ur- und Frühgeschichte,
Christian-Albrechts-
Universität zu Kiel

Mara Weinelt

Exzellenzcluster
ROOTS / Institut für
Ur- und Frühgeschichte,
Christian-Albrechts-
Universität zu Kiel

Weiterführende Literatur

TIM KERIG

Algaze, G., 1993. *The Uruk world system: the dynamics of expansion of early Mesopotamian civilisation.* Chicago: Univ. of Chicago Press.

Kerig, T., Hilpert, J., Strohm, S., Berger, D., Denis, S., Gauthier, E., Gibaja, J.F., Mallet, N., Massa, M., Mazzucco, N., Nessel, B., Pelegrin, J., Pétrequin, P., Sabatini, S., Schumacher, T.X., Serbe, B., Wilkinson, T., forthcoming. *Interlinking research: The Big Exchange project.* Antiquity.

Ling, J., Chacon, R., Kristiansen, K., Hrsg., 2022. *Trade before Civilization – Long Distance Exchange and the Rise of Social Complexity.* Cambridge: Cambridge Univ. Press.

Wallerstein, I.M., 1974. *Capitalist agriculture and the origins of the European world economy in the sixteenth century.* New York, San Diego, London: Academic Press (in German: *Die Anfänge kapitalistischer Landwirtschaft und die europäische Weltökonomie im 16. Jahrhundert.* Wien: Promedia).

WALTER DÖRFLER

Dörfler, W., 2017. Von der Dichte des naturnahen Waldes und den „Flaschenhälsen" der Wildpopulationen. *In:* J. Lechterbeck and E. Fischer, Hrsg. *Kontrapunkte – Festschrift Manfred Rösch.* Universitätsforschungen zur prähistorischen Archäologie 300. Bonn: Habelt, 95-113.

Ellenberg, H., 1986. *Vegetation Mitteleuropas mit den Alpen in ökologischer Sicht.* 4. Aufl. Stuttgart: Eugen Ulmer.

Hill, T., Zich, B., Götze, W., Hubrich-Messow, G., Jacobs, E., Kämmer, G., Klinger, K.-H., Mahrt, K., Müller, M.J., 2002. *Von Wegen – Auf den Spuren des Ochsenweges (Heerweg) zwischen dänischer Grenze und Eider.* Flensburger Regionale Studien 12. Flensburg: Univ., Inst. für Geographie und ihre Didaktik, Landeskunde und Regionalforschung.

Johnston, C.A. and Naiman R.J., 1990. Browse selection by beaver: effects on riparian forest composition. *Canadian Journal of Forest Research,* 20 (7), 1036-1043.

Müller, W., 2002. *Die Stecknitzfahrt.* 3.Aufl. Büchen: Goedeke.

Willroth, K.-H., 1986. Landwege auf der cimbrischen Halbinsel aus der Sicht der Archäologie. *Siedlungsforschung*, 4, 9-44.

HENNY PIEZONKA AND KAROLINA VARKULEVICIUTE

Barnard, H. and Wendrich, W., Hrsg., 2008. *The Archaeology of Mobility. Old World and New World Nomadism.* Cotsen Advanced Seminars 4. Los Angeles: University of California.

Berkes, F., 2018. *Sacred Ecology.* 4. Aufl. New York, London: Routledge.

Descola, P., 2013. *Beyond Culture and Nature.* Chicago: Chicago University Press.

Golovnev, A., 2018. *Arctic: Atlas of Nomadic Technologies.* Saint Petersburg: MAE RAN (in Russian).

Isaakidou, V., Styring, A., Halstead, P., Nitsch, E., Stroud, E., le Roux, P., Lee-Thorp, J., Bogaard, A., 2019. From texts to teeth: A multi-isotope study of sheep and goat herding practices in the Late Bronze Age ('Mycenaean') polity of Knossos, Crete. *Journal of Archaeological Science: Reports,* 23, 36-56.

Landi, F. and Calzolai, L. 2015. Transhumance routes in Tuscany: Cartography, place names, virtual landscaping. *Review of Historical Geography and Toponomastics* 10 (19-20), 99-124.

MARA WEINELT

Felgentreff, C. and Geiger, M., 2013. *Themenheft Migration and Umwelt.* IMIS-Beiträge 44. Universität Osnabrück: Institut für Migrationsforschung und Interkulturelle Studien.

Ionesco, D., Mokhnacheva, D., Gemenne, F., 2017. *Atlas der Umweltmigration.* Broschüre der Bundeszentrale für politische Bildung, Schriftenreihe 10017. München: oekom verlag. (Übers. aus dem Englischen durch B. Steckhan, S. Schuhmacher, G. Gockel, Kollektiv Druck-Reif).

Ribeiro, A., Rinne, C., Valera, A., 2019. Geomagnetic investigations at Monte da Contenda, Arronches, Portugal – Results from the 2018 campaign. *Journal of Neolithic Archaeology,* 21, 61-74. doi 10.12766/jna.2019.3.

Schmidt-Verkerk, K., 2013. Klimawandel und Migration: ein konzeptioneller und methodologischer Ansatz am Beispiel Mexikos. *In:* C. Felgentreff and M. Geiger, Hrsg. *Themenheft Migration und Umwelt.* IMIS-Beiträge 44. Universität Osnabrück: Institut für Migrationsforschung und Interkulturelle Studien (IMIS), 45-79.

Weinelt, M., Kneisel, J., Schirrmacher, J., Hinz, M., and Ribeiro, A., 2021. Potential responses and resilience of Late Chalcolithic and Early Bronze Age societies to mid-to Late Holocene climate change on the southern Iberian Peninsula. *Environmental Research Letters,* 16, 055007.

BERIT VALENTIN ERIKSEN AND WOLFGANG RABBEL

Amkreutz, L., Verpoorte, A., Waters-Rist, A., Niekus, M., van Heekeren, V., van der Merwe, A., van der Plicht, H., Glimmerveen, J., Stapert, D., Johansen, L., 2018. What lies beneath... Late Glacial human occupation of the submerged North Sea landscape. *Antiquity,* 92 (361), 22-37. Erhältlich unter: https://doi.org/10.15184/aqy.2017.195.

Bailey, G., Galanidou, N., Peeters, H., Jöns, H., Mennenga, M., Hrsg., 2020. *The Archaeology of Europe's Drowned Landscapes.* Coastal Research Library 35. Cham, Switzerland: Springer Open. Erhältlich unter: https://doi.org/10.1007/978-3-030-37367-2.

Coles, B.J., 1998. Doggerland: A Speculative Survey. *Proceedings of the Prehistoric Society,* 64, 45-81.

Gaffney, V., Fitch, S., Smith, D., 2009. *Europe's lost world: the rediscovery of Doggerland.* York: Council for British Archaeology Research.

Glimmerveen, J., Mol, D., van der Pflicht, H., 2006. The Pleistocene reindeer of the North Sea – initial palaeontological data and archaeological remarks. *Quaternary International,* 142/143, 242-246. Erhältlich unter: https://doi.org/10.1016/j.quaint.2005.03.021.

Price, T.D., Meiggs, D., Weber, M.-J., Pike-Tay, A., 2017. The migration of Late Pleistocene reindeer: isotopic evidence from northern Europe. *Archaeological and Anthropological Sciences,* 9 (3), 371-394. Erhältlich unter: https://doi.org/10.1007/s12520-015-0290-z.

Prins, L.T., Andresen, K.J., 2019. Buried late Quaternary channel systems in the Danish North Sea – Genesis and geological evolution. *Quaternary Science Reviews,* 223, 105943. Erhältlich unter: https://doi.org/10.1016/j.quascirev.2019.105943.

van Heteren, S., Meekes, J.A.C., Bakker, M.A.J., Gaffney, V., Fitch, S., Gearey, B.R., Paap, B.F., 2014. Reconstructing North Sea palaeolandscapes from 3D and high-density 2D seismic data: An overview. *Netherlands Journal of Geosciences – Geologie en Mijnbouw,* 93 (1), 31-42. Erhältlich unter: https://doi.org/10.1017/njg.2014.4.

JOHANNA HILPERT AND JUTTA KNEISEL

Hilpert, J., 2017. *Viehzucht und Landnutzung: das Neolithikum im Vergleich zu den preußischen Rheinlanden (1800 AD).* Köln: Universität zu Köln.

Kneisel, J., 2018: *Gesichtsurnen, Menschenbilder der Vergangenheit.* Bonn: Habelt Verlag.

Litt, T., Richter, J., Schäbitz, F., Hrsg., 2021. *The journey of modern humans from Africa to Europe: culture-environmental interaction and mobility.* Stuttgart: Schweizerbart.

Scharl, S., 2021. *Jungsteinzeit: wie die Menschen sesshaft wurden.* Stuttgart: Kohlhammer.

JUTTA KNEISEL, BENTE MAJCHCZACK, FRANZISKA ENGELBOGEN, ANNA K. LOY, OLIVER NAKOINZ

Faupel, F. and Nakoinz, O., 2018. Rekonstruktion des Wegesystems and Identifikation von Wegparametern der Bronzezeit in Schleswig-Holstein. *In:* B. Nessel, D. Neumann, M. Bartelheim, Hrsg. *Bronzezeitlicher Transport, Akteure, Mittel und Wege.* Ressourcenkulturen 8. Tübingen: Tübingen University Press, 249-268.

Johannsen, A., 1967. *In den Spuren des Heidweges.* 2. Aufl. Leck: Nielsen.

Løvschal, M., 2013. Ways of Wandering – In the Late Bronze Age Barrow Landscape of the Himmerland-area, Denmark. *In:* D. Fontijn, A.J. Louwen, S. Van Der Vaart, K. Wentink, Hrsg. *Beyond Barrows. Current research on the structuration and perception of the Prehistoric Landscape through Monuments.* Leiden: Sidestone Press, 225-250.

Zich, B., 2002. Ochsenweg/Hærvejen – Nordeuropas kulturhistorische Wirbelsäule. *In:* B. Knoche, Hrsg. *Wege als Ziel.* Kolloquium zur Wegeforschung in Münster, 30. November -1. Dezember 2000. Veröffentlichungen der Altertumskommission für Westfalen 13. Münster: Aschendorff, 67-86.

Zich, B., 2003. Der Ochsenweg in Schleswig-Holstein. *Archäologie* in Deutschland, 4, 40-41.

FRANZISKA ENGELBOGEN

Faupel, F., 2021. *Modelling Spatial Interaction during the Early Iron Age: Reconstructing and Modelling Ancient Infrastructure, Interaction and Distribution Systems in Southwest Germany and the Alsace.* Erhältlich unter: https://macau.uni-kiel.de/receive/macau_mods_00001330.

Faupel, F. and Nakoinz, O., 2018. Rekonstruktion des Wegesystems und Identifikation von Wegparametern der Bronzezeit in Schleswig-Holstein. *In:* B. Nessel, D. Neumann, M. Bartelheim, Hrsg. *Bronzezeitlicher Transport. Akteure, Mittel und Wege.* Ressourcenkulturen 8. Tübingen: Tübingen University Press, 249-268.

Gutmann, K.S., 1912. Bericht über Strassenforschung im Elsass im Jahre 1912. *Berichte der Römisch-germanischen Kommission,* 7, 16-25.

Müller, S., 1904. Vej og Bygd i Sten- og Bronzealderen. *Aarbøger for nordisk Oldkyndighed og Historie,* 1-64.

Wassong, R., 2015. Tumulus et milieux humides. Rites, ostentation et lieux de passages. Les tertres de l'Âge du Fer dans le fossé rhénan. *In:* F. Olmer and R. Roure, Hrsg. *Les gaulois au fil de l'eau. Actes du 37e colloque international de l'Association Française pour l'Étude de l'Âge du Fer, Montpellier 2013.* Bordeaux: Ausonius, 1153-1162.

JENS SCHNEEWEISS AND HENNY PIEZONKA

Bauduin, P., Lebouteiller, S., Bourgeois. L., Hrsg., 2021. *Les transferts culturels dans les mondes normands médiévaux (VIIIe–XIIe siècle). Objets, acteurs et passeurs.* Turnhout: Brepols.

Jackson, R., Arneborg, J., Dugmore, A., Madsen, C., McGovern, T., Smiarowski, K., Streeter, R., 2018. Disequilibrium, Adaptation, and the Norse Settlement of Greenland. *Human ecology: an interdisciplinary journal,* 46 (5), 665-684. Erhältlich unter: https://doi.org/10.1007/s10745-018-0020-0.

Schneeweiß, J., 2012. Normannen, Dänen, Wikinger, Waräger. Eine vergleichende historisch-archäologische Betrachtung zwischen Normandie, unterer Elbregion und Novgorod zur Wikingerzeit. *Zeitschrift für Archäologie des Mittelalters,* 40, 99-125.

JOHANNES MÜLLER

Bergemann, S., 2018. *Zauschwitz (Landkreis Leipzig): Siedlungen und Gräber eines neolithischen Fundplatzes.* Bonn: Habelt, 314.

Burmeister, S., 2004. Der Wagen im Neolithikum und in der Bronzezeit: Erfindung, Ausbreitung und Funktion der ersten Fahrzeuge. *In:* M. Fansa und S. Burmeister, Hrsg. *Rad und Wagen. Der Ursprung einer Innovation: Wagen im Vorderen Orient und Europa.* Mainz am Rhein: Zabern, 13-40.

Fansa, M. und Burmeister, S., Hrsg., 2004. *Rad und Wagen: der Ursprung einer Innovation: Wagen im Vorderen Orient und Europa.* Sonderausstellung des Landesmuseums für Natur und Mensch, Oldenburg März-Juni 2004. Mainz am Rhein: von Zabern.

Müller, J., im Druck. *Separation, hybridisation, and networks: Globular Amphora sedentary pastoralists ca. 3200-2700 BCE.* Leiden: Sidestone Press.

Szmyt, M., 2017. Collective graves, flint axes, and cows. The people of Globular Amphora culture on the Vistula and Odra. *In:* P. Włodarcak, Hrsg. *The Past Societies 2: 5500-2000 BC.* Warschau: Institute of Archaeology and Ethnology. Polish Academy of Sciences, 211-273.

BENJAMIN SERBE AND KHURRAM SALEEM

Beck, C.W., Wilbur, E., Meret, S., Kossove, D., Kermani, K., 1965. The Infrared Spectra of Amber and the Identification of Baltic Amber. *Archaeometry,* 8, 96-109.

Beck, C.W., 1966. Analysis and provenience of Minoan and Mycenaean amber. *Greek, Roman and Byzantine Studies,* 7, 191-211.

de Navarro, J.M., 1925. Prehistoric Routes between Northern Europe and Italy defined by the Amber Trade. *The Geographical Journal,* 66, 481-503.

Murillo-Barroso, M. and Martinón-Torres, M., 2012. Amber Sources and Trade in the Prehistory of the Iberian Peninsula. *European Journal of Archaeology,* 15 (2), 187-216.

Palavestra, A., 2007. Was There an Amber Route? *In:* I. Galankai, H. Tomas, Y. Galanakis, R. Laffineur, Hrsg. *Between the Aegean and Baltic Seas – Prehistory Across Borders: Proceedings of the International Conference Bronze and Early Iron Age Interconnections and Contemporary Developments between the Aegean and the Regions of the Balkan Peninsula, Central and Northern Europe, University of Zagreb, 11-14 April 2005.* Aegaeum 27. Liège: Université de Liège, 349-359.

ANDREA RICCI

Adams, R.M., 1981. *Heartland of cities: Surveys of ancient settlement and land use on the central floodplain of the Euphrates.* Chicago, London: The University of Chicago Press.

Algaze, G., 1993. *The Uruk World System: The Dynamics of Expansion of Early Mesopotamian Civilization.* Chicago: University of Chicago Press.

Altaweel, M., 2019. Southern Mesopotamia: Water and the rise of urbanism. *WIREs Water,* 6, e1362. Erhältlich unter: https://doi.org/10.1002/wat2.1362.

Holt, E., Hrsg., 2018. *Water and Power in Past Societies.* Albany: SUNY Press.

Liverani, M., 2014. *The ancient Near East: history, society and economy.* London, New York: Routledge.

Rost, S., 2017. Water management in Mesopotamia from the sixth till the first millennium B.C. *WIREs Water,* 4, e1230. Erhältlich unter: https://doi.org/10.1002/wat2.1230.

Scarborough, V.L., 2003. *The flow of power: ancient water systems and landscapes.* Santa Fe: SAR Press.

Stein, G., 1999. *Rethinking world-systems: diasporas, colonies, and interaction in Uruk Mesopotamia.* Tucson: University of Arizona Press.

Wilkinson, T.J., 2003. *Archaeological landscapes of the Near East.* Tucson: University of Arizona Press.

Und ein Video: https://www.youtube.com/watch?v=_K7EXUBqN50&t=1174s.

JENS SCHNEEWEISS

Clarke, H. and Lamm, K., 2017. *Helgö Revisited. A new look at the excavated evidence for Helgö, central Sweden.* Schleswig: Stiftung Schleswig-Holsteinische Landesmuseen Schloss Gottorf.

Gyllensvärd, B., 2004. The Buddha found at Helgö. *In:* B. Gyllensvärd, Hrsg., *Excavations at Helgö XVI.* Stockholm: Almqvist & Wiksell, 10-27.

FYNN WILKES AND HENRY SKORNA

Bátora, J., *Das Gräberfeld von Jelšovce/Slowakei. Ein Beitrag zur Frühbronzezeit im nordwestlichen Karpatenbecken.* Prähistorische Archäologie in Südosteuropa 16. Erhältlich unter: https://zenon.dainst.org/Record/000194334. [Letzter Zugriff: 27.01.2022].

Reiter, S. and Frei, M., 2015. Migration and Identity at the Early Bronze Age Cemetery of Jelšovce, Southwest Slovakia: The Strontium Evidence. *In:* P. Suchowska-Ducke, S.S. Reiter, H. Vandkilde, Hrsg. *Forging identities. The mobility of culture in Bronze Age Europe: Report from a Marie Curie project 2009-2012 with concluding conference at Aarhus University, Moesgaard 2012.* Aarhus universitet. BAR international series, 2771-2772. Oxford: British Archaeological Reports.

Faragó, N., 2021. Technológiai megfigyelések a rákóczifalvi temető bifaciális levélhegyén (Technological observations of a bifacial leaf point from the cemetery of Rákóczifalva). *In:* N. Faragó, A. Király, K.I. Szegedi, Hrsg. *A tealevelektől a levélhegyekig. Tanulmányok Mester Zsolt tisztele-tére 60. születésnapja alkalmából.* Litikum & ELTE BTK Régészettu-dományi Intézet, 77-94. Erhältlich unter: https://doi.org/10.23898/litikumsi01a04.

Siklósi, Z. and Szilágy, M., 2019. New data on the provenance of copper finds from the Early-Middle Copper Age of the Great Hungarian Plain. *Archaeological and Anthropological Sciences,* 11, 5275-5285. Erhältlich unter: https://doi.org/10.1007/s12520-019-00867-8.

Csányi, M., Raczky, P., Tárnoki, J., 2010. Das kupferzeitliche Gräberfeld von Rákóczifalva-Bagi föld in Ungarn. *Das Altertum,* 55, 241-270.

JUTTA KNEISEL

Sabatini, S., 2007. *House urns: A European Late Bronze Age trans-cultural phenomenon.* GOTARC Serie B. Gothenburg archaeological theses 47. Göteborg: Göteborgs Univ., Inst. för Arkeologi och Antikens Kultur.

Kneisel, J., 2012. *Anthropomorphe Gefäße in Nord- und Mitteleuropa während der Bronze- und Eisenzeit. Studien zu den Gesichtsurnen – Kontaktzonen, Chronologie und sozialer Kontext.* Studien zur Archäologie in Ostmitteleuropa 7. Bonn: Habelt Verlag.

Kneisel, J., Szmyt, M., von Carnap-Bornheim, C., Müller, J., Hrsg., 2018. *Gesichtsurnen, Menschenbilder der Vergangenheit.* Bonn: Habelt Verlag.

Skorupka, T., 2008. *Na skrzydłach przeszłości. Motywy ptaków na zabytkach archeologicznych z ziem polskich (I w. p.n.e. – XVII w. n. e.).* Exhibition Catalogue Poznań. Poznań: Archaeological Museum Poznań.

LUTZ KÄPPEL

Dillon, M., 1997. *Pilgrims and Pilgrimage in Ancient Greece.* London: Routledge.

Elsner, J. and Rutherford, I., Hrsg., 2005. *Patterns of Pilgrimage in Greco-Roman and Early Christian Antiquity: Seeing the Gods.* Oxford: Oxford University Press.

Mittelstraß, J., Hrsg., 1996. *Enzyklopädie Philosophie und Wissenschaftstheorie 4* (Enzykl. Phil. u. Wiss.). Stuttgart-Weimar: Metzler.

Nightingale, A.W., 2004. *Spectacles of Truth in Classical Greek Philosophy: Theoria in its Cultural Context.* Cambridge: Cambridge University Press.

Ritter, J. and Gründer, K., Hrsg., 1998. *Historisches Wörterbuch der Philosophie 10* (Hist. WB Phil.). Basel: Schwabe.

Rutherford, I., 2013. *State Pilgrims and Sacred Observers in Ancient Greece.* Cambridge: Cambridge University Press.

HENNY PIEZONKA

Adaev, V.N., 2007. *Traditionnaya ekologicheskaya kul'tura khantov i nencev.* Tyumen': Vektor Buk.

Berkes, F., 2018. *Sacred Ecology.* 4. Aufl. New York, London: Routledge.

Golovnev, A.V., 1995. *Govoryashchie kul'tury: tradicii samodijcev i ugrov.* Ekaterinburg.

Ingold, T., 2007. Materials against materiality. *Archaeological Dialogues,* 14 (1), 1-38.

Jordan, P., 2003. *Material Culture and Sacred Landscape. The Anthropology of the Siberian Khanty. Archaeology of Religion.* Walnut Creek, Lanham, New York, Oxford: Rowman & Littlefield Publishers, Inc.

Mahlstedt, S., 2020. Flüsse im Steinzeit-Wald – Grenzen oder Wege? *In:* J. Menne and M. Brunner, Hrsg. *Grenzräume in der Archäologie.* Archäologie in Deutschland, Sonderheft 18. Darmstadt: wbg Theiss, 22-27.

Impressum

»ROOTS of Routes:
Mobilität und Netzwerke zwischen Vergangenheit und Zukunft«

Herausgegeben von Sidestone Press, Leiden
www.sidestone.com

Layout, Umschlaggestaltung & Bildbearbeitung: Tine Pape, Kiel
Redaktion: Eileen Küçükkaraca, Kiel

Veröffentlichung des Exzellenzclusters ROOTS

Kontakt
Sprecher: Prof. Dr. Johannes Müller
johannes.mueller@ufg.uni-kiel.de
Wissenschaftliche Koordination: PD Dr. Mara Weinelt, Dr. Andrea Ricci
office@roots.uni-kiel.de

Adresse
Exzellenzcluster ROOTS
Christian-Albrechts-Universität zu Kiel
Leibnizstr. 3
24118 Kiel, Germany
www.cluster-roots.org

ISBN/EAN Paperback: **978-94-6426-193-6**
ISBN/EAN: PDF E-book **978-94-6426-194-3**

Veröffentlicht mit Mitteln der Deutschen Forschungsgemeinschaft (DFG)
im Rahmen der deutschen Exzellenzstrategie – EXC 2150 ROOTS – 390870439.

ROOTS ist der Nachhaltigkeit verpflichtet. Die 'ROOTS Booklet Series' wird daher auf dem Recyclingpapier 'Circle Offset Premium White' gedruckt, das mit dem mit dem Zertifikat 'Blauer Engel' ausgezeichnet ist.

ROOTS cluster of excellence
Gefördert durch DFG Deutsche Forschungsgemeinschaft
CAU Kiel University Christian-Albrechts-Universität zu Kiel
JMA
ZBSA
IPN
MAX-PLANCK-GESELLSCHAFT
INSTITUTUM ARCHAEOLOGICUM GERMANICUM